PETER ASSION

Mord im Münster

D1735641

Bönnsche
Krimis

Von Peter Assion sind bisher im gleichen Verlag erschienen:

Bönnsche Krimis:

Der tote Penner
Mord am Funkenmariechen
Hermine Pfefferkorn schnallt ihr Bein ab
Der Kamellendieb
Lombardo und die Tote im Rhein
Treffpunkt Münsterplatz
Der alte Mann und das Mädchen
Ein Pfennig zu wenig (für Kinder)
Tod im Stadthaus
Herbstblätter
Das Mädchen am Fenster
Dreck am Stecken
Der Katzenmörder von Rheinbach
Der fiese Möpp von Muffendorf
Mord im Münster
Rache am Drachenfels

PETER ASSION

Mord im Münster

Eine Bonner Kriminalgeschichte

VERLAG DIVOSSEN

Zu diesem Krimi ist ein Vorspiel erschienen!

Jan, Therese und die Andere
Eine rheinische Liebesgeschichte

im gleichen Verlag
ISBN 3-931543-46-3
12,80 DM

PETER ASSION
Mord im Münster

© 1998
VERLAG
WALTER J. DIVOSSEN
BURBANKSTR. 28
53229 BONN
RUF 0228 48 21 92
FAX 0228 48 22 63

Gesamtherstellung
VERLAG DIVOSSEN

ISBN 3-931543-44-7

Personen der Handlung:

Jan Merode, er hat eine unglückliche Liebesgeschichte hinter sich und gerät in einen ungewöhnlichen Kriminalfall

Therese, liebt Jan sie immer noch sie immer noch?

Karl Maria Hartung, Kriminalkommissar

Susanne Brentano, Kriminalinspektorin

Mahlmann, Kriminalinspektor

Kaplan Krombach

Küster Rommerskirchen

Hans-Heinz Otten, Freund von Jan Merode

Melanie Küppers, eine Jugendfreundin von Nina Lessenich

Nina Lessenich erinnert sich

Peter F. Fuhrmann, ein Freund von Nina Lessenich, der sich anders entschließt

Manfred Kleinschmidt ein alter Jugendfreund von Melanie Küppers und Nina Lessenich

Sonntag in einem Herbst

1. Und sank langsam, sank langsam mit ihrem Kopf auf Jans Schoß

Es war ein ungemütlicher Herbsttag Anfang Oktober. Noch bis letzte Woche war es ein milder sonniger Herbst gewesen, und das Schlagwort vom Goldenen Oktober hatte seine Bestätigung. Aber nun war es seit zwei, drei Tagen viel kälter geworden. Es war diesig, der Himmel verhangen. Und manchmal kam eine kleine Regenschauer. Es war ein Wetter, wo selbst Hunde sich am liebsten vorm wieder in Betrieb genommenen Kamin verkrochen.

Sonntagmorgen. Gegen 9 Uhr. Bonns Innenstadt macht den Eindruck einer verschlafenen Kleinstadt. Nur wenige Menschen sind auf den Straßen unterwegs. Sie haben sich die Mäntel hervorgeholt, ziehen die Schultern hoch, gehen ein bißchen schneller, wirken grau und lustlos.

Jan hat es bei sich zu Hause nicht ausgehalten. Er ist ja erst wieder seit wenigen Monaten in seinen vier Wänden. Die Räume waren ihm nach seiner Rückkehr kalt, abweisend und muffig vorgekommen. Er hatte für Stunden die Fenster aufgerissen. Es hatte nicht viel genützt. Jetzt hing feuchte Luft in den Zimmern. Zum Glück hatte der Hauswirt ein Einsehen gehabt und die Heizung erstmals in diesem Jahr angeworfen. Ein leichter, Übelkeit auslösender Heizölgeruch zog durchs Haus. Jan hätte sich am liebsten die Nase verstopft.

Er hatte Zeit genug gehabt, über sich nachzudenken, weißgott. Solange er in den immer wieder gleichen vier Wänden war. Dunkelschmutziggelb gestrichen. Desinfizierungsmittel.

Eine kleine Blattpfanze auf dem verlorenwirkenden Regal neben den erlaubten Büchern. Das hohe Fenster vor den engstehenden Stahlstangen, die die Wolken des Himmels in senkrechte Streifen schnitten.

Charlotte. Reue?

Jan hat es bei sich zu Hause nicht ausgehalten. Nachdem er ein paar Stunden grübelnd im Bett gelegen hatte, das eigene Bett, das ihm fremd geworden war. Endlich war er aufgestanden. Hatte sich seinen grünen Tee gemacht. Endlich wieder grünen Tee. Nichts weiter. Der Magen wollte immer noch nicht. Machte ihm immer noch Vorwürfe. Er hatte sich seinen alten Wollmantel herausgeholt, die Motten mochten ihn wohl genau so wenig wie er. Dunkelblau, fast schwarz. Ein Ding, um sich drin zu verstecken. Der hellrote Schal. Von Charlotte. Sollte er ihn wirklich nehmen? Nein. Er wollte nicht immer wieder in der Wunde bohren. Er warf den Schal in den Mülleimer. Restmülltonne. Noch die Speisereste von gestern abend obendrauf. Nichts mehr sehen. Aber das nagende Gefühl blieb. Jan fand noch einen alten dunkelgrauen Schal, ein bißchen filzig, macht nichts, wenn es kratzt. Jan verließ die Wohnung, als wolle er fliehen.

Die feuchte Bonner Luft roch nicht gut, Jan atmete durch den Mund. Er schritt schnell aus. Er schritt schnell, obwohl er kein bestimmtes Ziel hatte. Jedenfalls sein Verstand hatte noch kein Ziel, aber sein Unterbewußtsein hatte längst eins. Die Straßen der Innenstadt. Die Schaufenster interessieren ihn nicht. Nicht einmal die Auslagen der Buchläden. Bouvier am Hof. Ob die noch was von ihm verkauften? Nach den Jahren? Nachdem das Sensationsinteresse abgeklungen war? Jan meinte, es habe alles nicht mehr mit ihm zu tun.

Schaufensterpuppen in aufreizenden Posen bei Sinn-Leffers, alle haben die gleichen schlanken Beine. Kurze Röcke. Was waren denn dieses Jahr die Modefarben? Jan schloß für einen Moment die Augen. Wann waren sie das letztemal zusammengewesen?

Sie hatte ihm geholfen über das mit Charlotte hinwegzukommen. Und es war auch schon wieder vorbei. Es war ja schon Monate her, daß er in seine Wohnung zurückgekehrt war. Monate, in denen so viel geschehen war. Und er war noch tiefer gefallen als zuvor. Auch darum hielt er es nicht mehr im Bett aus. Schon seit Tagen lief er morgens durch die Straßen. Wochentags, sonntags. Wie heute.

Über den Münsterplatz schlichen nur wenige Fußgänger. Am alten Postamt wurde immer noch gebaut, und die provisorische Postbaracke verschandelte den alten Platz. Auch darüber schaute Beethoven von seinem Denkmal griesgrämig.

Einige Leute gingen ins Münster. Einem plötzlichen Impuls folgend betrat auch Jan die Kirche. Eine Sonntagsmesse hatte begonnen. Von der Empore tönte laute Orgelmusik. Vielleicht ein Stück von Bach, Jan kannte sich da nicht so aus. Orgelmusik war ihm gewöhnlich zu laut. Er meinte, die Klänge drängten mit Gewalt in seinen Körper ein. Eine Viertelstunde konnte Jan eine solche Musik ertragen, dann tat sie ihm körperlich weh. Aber soeben hörte die Musik auf, als habe sie Jan verstanden. Jan nahm geistesabwesend Weihwasser, eine Handlung, schon als Kind geübt. Es waren nicht viele Leute in der Kirche, trotzdem blieb Jan im hinteren Kirchenschiff und nahm in einer leeren Bank Platz. Er setzte sich. Vorne am Altar bewegte sich ein Priester im Ornat in ritueller Handlung, Messdiener, augenscheinlich nur Mädchen im Alter von zwölf, dreizehn, gingen weihevoll hin und her und machen Verrichtungen, deren Bedeutung Jan längst vergessen hatte. Als Junge war er nicht Meßdiener geworden, er hatte Hemmungen gehabt, sich vor vielen Menschen da vorne am Altar zu bewegen. Er war in einem Knabenchor gelandet, der die Liturgie mit Choralgesängen verschöne. Soeben sang der Priester vorne auf Deutsch eine Melodie, die Jan an gregorianischen Choral erinnerte. Schade, daß die alten Gesänge nur noch so selten zu hören waren.

Aber Jan saß da, und seine Gedanken waren nicht klar. Er

dachte nicht bewußt an seine Kindheit. Es wurde nur ein vertrautes Gefühl in ihm angerührt, das unbewußt reagierte. Er war sich nicht einmal im klaren, warum er gerade heute in diese Kirche gegangen war. Er war schon seit langem kein religiöser Mensch mehr. Er hatte vergeblich versucht, Trost zu finden. Der Anstaltsgeistliche hatte ihm mehrmals ein Gespräch angeboten. Jan hatte es abgelehnt. Es war inzwischen alles so fern, auch das mit Charlotte. Er war damals ein anderer gewesen. Er hatte sich damit abgefunden. Er hatte sich auch damit abgefunden, daß ihn die meisten seiner alten Freunde und Bekannten schnitten. Er hatte damit gerechnet. Er machte ihnen noch nicht einmal einen Vorwurf daraus. Auch hieran dachte Jan in seiner Kirchenbank nicht wirklich bewußt. Er fühlte sich in einem seltsamen Dämmerzustand, wie in graue Watte verpackt, die nichts Konkretes an ihn heranließ.

Jan blieb auch sitzen, wenn die anderen Gläubigen sich knieten, weil die Liturgie es verlangte. Jan schaute sich die Leute in seiner Nähe an. Meist alte Leute, meist Frauen. Im zurückhaltenden Sonntagsstaat. Alles ein wenig muffig, so als könne man den penetranten Geruch der Mottenkugeln sehen. Jan dreht den Kopf seitlich nach hinten. In der Kirche gehört sich das nicht. Er begegnete dem leichtvorwurfsvollen Blick eines älteren weißhaarigen Mannes, der sich in seiner Andacht gestört fühlte. Ein winziges Lächeln der Entschuldigung ging über Jans Gesicht, und er schaute wieder nach vorne. Legte die Hände zusammen, rieb sie, als müsse er noch Kälte vertreiben. Aber kühler Hauch berührte sein Herz. Und er wollte nicht daran denken. Aber er konnte es nicht verhindern. Je länger er saß, um so mehr drang es in sein Bewußtsein. Er zwang sich, nicht daran zu denken. Er hatte doch längst eingesehen, daß er hilflos war, daß er tun und reden konnte, was er wollte. Er würde nichts mehr bewirken. Er zwang sich, nicht daran zu denken. Er ließ seine Blicke nach vorne wandern, denn er konnte sich sowieso nicht auf den Gottesdienst konzentrieren. Auch, weil ihm soviel fremdgeworden war. Einige Reihen weiter vorne saßen die Gläubigen dichter zusammen. Männer und Frauen gemischt. Dann sah er sie! Und plötzlich klopfte sein Herz ein wildes Crescendo. Ja, das mußte sie sein! Ihre Haare, dunkelblond mit einigen helleren Strähnen, naturfarben, nicht vom Friseur. Ihre Kopfform, ihre Haltung, das mußte sie sein! Wenn er auch den dunkelbraunen Mantel nicht kannte. Therese, das erste Mal dachte er ihren Namen. Ja, Therese! Wie kam ausgerechnet sie ins Münster? Sie wohnte doch auf der anderen Rheinseite. Ob sie es wirklich war? Ja, sie mußte es sein, sie mußte es. Ein bißchen beruhigte sich sein Herz. Ja, dann konnte er nachher mit ihr reden. Ihr vielleicht doch klarmachen, was er wollte. Du kannst einer Frau nichts klarmachen! Hatte ihn sein Freund gewarnt. Je mehr Worte, um so weniger hört sie dir zu. Aber er mußte ihr doch sagen, wie sehr er sie noch liebte, und daß die Wunde in seinem Herzen bohrte und bohrte. Die Frau da vorne, sie bewegte sich nicht, war wohl in ihrer Andacht vertieft. Gern hätte Jan sie von der Seite gesehen, um sich zu vergewissern, daß sie es wirklich war. Bald war die Messe aus, dann konnte er zu ihr gehen. Jan versuchte, sich zu beruhigen. Er vertraute auf seine Worte. Er konnte doch überzeugen, wenn er sich seiner selbst sicher war. Er konnte doch mit Worten umgehen. Gefühle in Worte fassen. Gerade das hatte sie so an ihm gemocht, als sie sich kennenlernten. Und dann war plötzlich alles nichts mehr wert. Jan wollte es nicht wahrhaben. Gleich konnte er mit Therese reden. Dann würde alles wieder ins rechte Lot kommen. Sie konnte doch nicht so herzlos sein, so kalt zu ihm. Und nicht nur immer wieder sagen: Es tut mir so leid, daß du traurig bist. War es nur noch dieses schäbige Mitleid das sie für ihn aufbringen konnte? Und danach nicht einmal mehr das? Gleich würde er mit ihr reden. Und es würde alles gut werden.

Der unsichtbare Organist oben auf der Empore hatte das Schlußlied angestimmt. Nun danket alle Gott. Eine Einleitung mit vielen Tönen zur Verzierung. Schnörkel, nicht zum Text passend. Aber trotzdem schöne Musik! Jetzt gefiel Jan diese

Musik. Er war guten Mutes, seitdem er wußte, daß Therese dort vorne saß. Und daß er gleich mit ihr reden konnte.

Die Gläubigen waren aufgestanden und sangen. Jan blieb sitzen. Der Priester vorne verließ nun, die Meßdiener vorauf, den Altarraum. Die Männer und Frauen hielten noch eine Weile inne und verließen dann ihre Bänke.

Jan blieb sitzen. Gleich würde er nach vorne zu Therese gehen.

Die Frau blieb sitzen.

Dann stand Jan auf. Die Knie waren ihm seltsam weich, es kam nicht vom Knieen. Die Frau saß weiter ruhig da vorne in der Bank. Jan ging zu ihr. Setzte sich neben sie. Eine kleine Überraschung. Wie würde sie reagieren? Nun sah er sie von der Seite an. Es war nicht Therese. Er war eine fremde Frau. Jan war enttäuscht. Er wollte sich abwenden. Nun fiel ihm auf, wie seltsam starr die Frau blickte, wie eine Schaufensterpuppe. Jan erhob sich, berührte dabei die Frau ungewollt mit der Schulter. Da bewegte sich die Frau, sie bewegte sich zu seiner Seite hin. Und sank langsam, sank langsam mit ihrem Kopf auf Jans Schoß.

2. Therese, hört es denn nie auf?

Die Frau war tot.

Einen Augenblick begriff Jan nicht, was geschehen war. Auch in seinem Kopf war Zeitlupe. Aber dann richtete sich Jan erschreckt auf, packte die Frau an den Schultern und hob sie wieder in die alte Position. Ihr Kopf fiel ein wenig nach hinten, aber die Tote blieb sitzen. Jan blickte kurz scheu um sich. Da kam der Priester, der die Messe gelesen hatte, in seiner Alltagskleidung durch das Mittelschiff gegangen. Ob er etwas mitbekommen hatte? Jan schob sich zur Seite. Er wollte hinaus. Flüchten. Er wollte nichts mit der Toten zu tun haben.

Gerade er, wo er erst seit kurzem wieder draußen war. Gottseidank, es war nicht Therese. Aber plötzlich hatte er den üblen Gedanken, daß, wenn es Therese wäre, es nun endgültig mit ihr aus sein müsse. Dann hätte seine Sehnsucht, sein Bemühen, sie wiederzusehen, keinen Sinn mehr. Jan schob den Gedanken beiseite, er mußte fort, er schob sich halb sitzend aus der Bank. Stand auf, verbeugte sich flüchtig, deutete ein nachlässiges Kreuzzeichen an und ging zum seitlichen Ausgang in Richtung Münsterplatz. Er wollte schon aufatmen, als er mit Schrecken spürte, wie sich eine Hand auf seine linke Schulter legte. Jan versuchte die Hand abzuschütteln, schaute aber halb nach hinten. Da war der Priester, der ihn freundlich aber ernst ansah: »Da ist etwas mit einer jungen Frau. Kommen Sie doch bitte mit.«

Widerwillig folgte Jan dem Geistlichen. Es war ein junger Mann, fast noch ein Milchgesicht, eine randlose Brille auf der Nase, die ihn.wohl älter und reifer wirken lassen sollte. Sie gingen die wenigen Schritte zur Bank zurück, in der immer noch die junge Frau seltsam nach hinten gesunken saß. Ein alter Mann und eine alte Frau waren neugierig hinzugetreten und schauten ängstlich aber auch mit gierigem Interesse auf die junge Frau. Als Jan und der Geistliche hinzutraten, sagte der Alte: »Die Frau is duud.« Es war eine nüchterne Feststellung, so wie man sagt: Das Essen ist fertig.

»Wir wollen die Frau auf die Bank legen«, sagte der Priester und schaute Jan an, »bitte helfen Sie mir.«

Es war eine hübsche Frau und ihre Beine steckten in dünnen Seidenstrümpfen. Ein kurzer dunkelblauer Rock, der die Knie freiließ. Der Priester legte den Mantel sorgfältig über die Knie der Frau. Um den Hals ein losegeschlungenes Seidentuch in zurückhaltenden Erdfarben. Jemand, vielleicht der Alte, hatte der jungen Frau die Augenlider zugedrückt. So lag die Frau da wie eine Schlafende. Es war eine hübsche Frau. Sie strahlte eine Ruhe aus. Und Jan dachte an Therese. An ihre Hast, an das Chaos, das in ihr herrschte, das sie nicht zur Ruhe kommen ließ. Das sie unfähig machte innezuhalten. Bei ihm innezuhalten. Mit ihm innezuhalten.

Der Priester kniete sich, sprach unverständlich murmelnd ein Gebet. Machte das Kreuzzeichen über die Tote. Die beiden Alten bekreuzigten sich ebenfalls. Dann richtete sich der Priester wieder auf. Er sagte leise: »Bitte warten Sie hier. Ich hole Hilfe. Auch die Polizei wird kommen müssen. Bitte bleiben auch Sie hier.« Bei den letzten Worten sah er Jan an. Seine Worte hatten einen freundlichen, aber doch bestimmenden, befehlenden Ton.

Jan setzte sich in eine Bank vor der Toten. Er wollte nicht andauernd hinsehen. Plötzlich war ihm übel. Ob er nicht doch besser verschwand? Er hörte schon die Fragen, die man ihm stellen wird. Und seinen Antworten wird man nur bedingt glauben. Wer glaubt schon einem Entlassenen? Es wird immer an ihm hängen. Er wird es nie mehr loswerden. Nie mehr.

Es dauerte eine Ewigkeit, da kam der Priester zurück. Er kniete sich neben Jan in die Bank und betete. Muß ein Priester in einer Kirche immerzu beten? dachte Jan. Es kam ihm alles so weltfern und unrealistisch vor. Hinter ihnen lag eine Tote. Ob es ihr was nützte, wenn sie jetzt noch beteten? Jetzt den Segen Gottes herbeiflehten: O Herr, sei einer armen Seele gnädig. Nehme sie auf in Dein Reich! Sie hätte den Segen Gottes gebraucht, bevor sie zu Tode kam.

Erstmals stellte sich Jan die Frage, wie diese junge Frau gestorben sein mochte. War sie krank? War sie in unheilbarer Krankheit zum letzten Mal in diese Kirche gegangen? War sie getötet worden? War es Mord?

Bei diesem Gedanken schlug Jans Herz auf einmal wie wild, als habe er ein schlechtes Gewissen. Aber was hatte er schon mit dieser jungen Toten zu tun? Es war doch nur ein Zufall, daß auch er heute den Gottesdienst besuchte. Aber warum nur seine Neugier? Von hinten hatte sie doch wie Therese ausgesehen. Und er dachte wieder an sie. Auch die Liebe zwischen ihnen war gestorben. Auch wenn er immer noch sehnsuchtsvolle Gefühle zu ihr hatte. Immer noch war sein Herz wund, und wenn er an sie dachte, dann sah er sie vor sich: Wie sie ihn mit zärtlichem Lächeln empfängt. Wie sie ihn in ihre weichen Arme nimmt und an ihren warmen duftenden Busen drückt. Wie sie sich küssen und die Augen dabei schließen, und wie sich ihre Münder und Zungen begegnen und in einen Freudentaumel stürzen. Wie sie in lustvoller Vorfreude ihre Körper aneinander pressen, noch mehr Nähe erzwingen. Sich lachend lösen. Komm doch rein, mein lieber Schatz. Ich habe schon Tee gemacht. Es ist so schön, daß du bei mir bist. Bitte geh nie mehr fort. Und die Vorfreunde auf die Zärtlichkeit, ihren heißen, feuchten, nackten Körper. Und bei dem Spaziergang danach: Schatz, ich habe schon wieder Verlangen nach dir. -

Jan riß sich von den Gedanken an Therese los.

Die Worte *vergeblich* und *vorbei* hämmerten in seinem Kopf. Rissen ihn aus seinen schönen Gefühlen. Vergiß nicht, was danach geschah! mahnte sein Verstand. Vergiß nicht, wie sie dich enttäuscht hat. Wie du dich mißbraucht gefühlt hast. Und Bitterkeit stieg in Jan hoch. Sie preßte sein Herz zusammen, sein Hals schnürte sich eng, daß ihm das Atmen wehtat. Und Tränen stiegen ihm in die Augen. Er konnte sich nicht dagegen wehren. Er legte die Hände vors Gesicht. Und er weinte seine bitteren Tränen. Er holte ein Taschentuch hervor und preßte es gegen sein Gesicht. Sein Schluchzen konnte er nicht unterdrücken. Da spürte er wieder einen Arm auf seiner Schulter. Jan brauchte nicht aufzusehen. Er wußte, daß es der Priester war. Leise, väterlich wie zu einem kleinen Jungen sagte er:»Bruder, weinen Sie. Lassen Sie alles aus sich heraus. Es wird wieder gut werden. Gott wird es möglich machen. Weinen Sie, Bruder.«

Die Hand war ruhig und leicht und sanft und tröstend. Und Jan schüttelte die Hand nicht ab.

Dann fiel die Erinnerung von ihm ab. Jan nahm das Taschentuch und putzte sich die Nase. Abrupt stand er auf, daß die

Hand des Priesters von seiner Schulter fiel. Jan schaute sich um. Eine kleine Gruppe von Menschen stand im Mittelgang und an der Seite, sie starrten auf die tote Frau. Es waren wohl noch die wenigen Gläubigen, die sich, wie Jan, Zeit mit dem Verlassen des Münsters gelassen hatten. Durch den Eingang Münsterplatz traten jetzt einige Menschen, mehrere davon in Polizeiuniform, in die Kirche. Stimmen drangen bis zu Jan. Passanten hatten bestimmt von der Toten erfahren und wollten sich die Sensation nicht entgehen lassen. Mord im Münster! So hieß es bestimmt schon. Aber Polizisten schoben die Menschen zurück.

Zwei, drei Männer in Zivil und eine Frau traten heran. Ein Mann, vielleicht Mitte fünfzig, ein wenig untersetzt, graumeliertes Haar, Brille mit dünnem Rand leitete die Gruppe. Er ging zur Bank mit der toten Frau, schaute sie sich mit ernstem Gesicht kurz an und trat dann zu dem Priester.

»Guten Morgen - oder besser Grüß-Gott«, sagte er leise, »ich bin Kriminalkommissar Hartung von der Bonner Kriminalpolizei. Wir erhielten Meldung. Eine Tote unter ungewöhnlichen Umständen. Spurensicherung und Erkennungsdienst werden gleich erscheinen. Tut uns leid, die Ruhe des Gotteshauses zu stören. Aber Sie werden das sicher verstehen.«

Der Priester und der Kriminalbeamte gaben sich die Hand. Der Priester sagte leise: »Kaplan Krombach.«

Jan hatte sich wieder in die Bank gesetzt. Er hatte sich schon ausgerechnet, was nun kommen würde. Er wollte nichts mit der Toten zu tun haben, wollte fliehen. Aber das hatte jetzt keinen Sinn mehr. Da hörte er auch schon die Frage des Kriminalbeamten: »Gibt es Zeugen?«

Jan vernahm die Stimme des Kaplans: »Bitte, der Herr hierher ... «

Der Kriminalbeamte wandte sich an Jan und sagte leise: »Guten Tag, Hartung. Sie haben etwas beobachtet? Kennen Sie die tote Frau?«

Jan sagte: »Merode - ich kenne die Frau nicht. Ich saß während der Messe einige Bänke weiter hinten. Die Frau erinnerte mich an jemanden. Ich bin nach der Messe zu ihr gegangen. Da fiel sie zu Seite ... «

Der Kommissar hatte sich neben Jan in die Bank gehockt und schaute diesen jetzt mit einer Mischung aus Neugier und Unglauben an.

»Einen Moment bitte«, sagte er dann zu Jan stand wieder auf, ging zum Priester: »Verzeihung, es ist alles etwas ungewöhnlich. Ich muß sofort mit einigen Leuten reden. Hier. Können wir in die Sakristei oder irgendeinen anderen Raum? Die Spurensicherung wird gleich anfangen. Wir werden uns beeilen.«

»Kommen Sie in die Sakristei«, sagte der Priester, dem der Rummel in der Kirche immer weniger gefiel.

Hartung nickte und sagte zu einem jüngeren Kriminalbeamten, der in der Nähe stand: »Sammeln Sie alle Zeugen, und bringen Sie sie mir in die Sakristei.«

Der Kommissar trat wieder zu Jan und sagte freundlich, aber bestimmt: »Wenn Sie bitte mitkommen wollen?!«

Jan war ärgerlich, daß er sich von der Ähnlichkeit der Frau mit Therese hatte hinreißen lassen. Nun steckte er wieder in einer Sache drin, die ihm nicht behagte. Aber er sah ein, daß es keinen Sinn hatte, sich querzustellen. Er bekam dann gewiss erstrecht Schwierigkeiten. Und er sandte ein kleines Stoßgebet in Richtung Altar: »Therese, hört es denn nie auf?«

3. Lassen Sie mich!

Kaplan Krombach schritt voraus. Sie gingen nach vorne zum Altar, verbeugten sich vor dem Allerheiligsten, betraten einen Seiteneingang und kamen in eine ziemlich große Sakristei. Zwei Meßdiener räumten gerade ihre Gewänder weg. Ein älterer Mann in dunklem Gewand machte Ordnung.

»Bitte Herr Rommerskirchen«, sagte der Kaplan zu dem äl-

17

teren Mann, dem Küster des Münsters, »im hinteren Teil der Kirche liegt eine Tote auf einer Bank. - Das ist ein Herr der Kriminalpolizei. Er will hier mit Zeugen reden. Es muß leider sein. Kümmern Sie sich bitte um die Menschen in der Kirche. Sorgen Sie für die Würde des Gotteshauses.«

Der älterer Mann nickte und winkte den beiden Meßdienern zu, mit ihm die Sakristei zu verlassen.

An einer Seite stand ein schwerer Holztisch mit zwei lederbespannten Stühlen davor.

»Danke«, sagte Kriminalkommissar Hartung zu dem Priester, »das wird gehen. Im Moment brauche ich Sie nicht. Aber wenn Sie bitte in der Nähe bleiben? Danke für Ihre Mühe. Ich werde mich beeilen.«

Kaplan Krombach zögerte, er ließ sie nicht gern allein in der Sakristei. Aber dann nickte er und ging langsam hinaus.

»Setzen wir uns an den Tisch«, sagte Hartung zu Jan.

Der Kommissar nahm Platz, zog eine in dunkles Leder gefaßte Kladde aus seiner Jackentasche, legte sie auf den Tisch, schlug sie auf und zog einen Kugelschreiber aus der Jackeninnentasche.

»Tut mir leid, Ihnen Umstände zu machen«, entschuldigte sich Hartung. »Ich will´s kurz machen.« Dann zog er seinen Ausweis und hielt ihn Jan ruhig hin, daß dieser ihn sich aussehen konnte.

»Wenn Sie mir auch Ihren Namen verraten?«

Langsam kam Jan das Spielchen ein wenig lächerlich vor. Darum grinste er, zog seinen Personalausweis und gab ihn Hartung in die Hand. Der notierte sich Namen und Anschrift in seiner Kladde.

»Gut, Herr Merode. Soweit die Formalitäten. Und jetzt erzählen Sie mir doch, was geschehen ist.«

Jan setzte sich in seinem Stuhl zurück. Er kam ihm ziemlich unbequem trotz Lederpolsterung vor. Wie sollte er anfangen? Was sollte er dem Kommissar berichten?

»Es war ein Zufall, daß ich ins Münster ging«, begann Jan.

»Ich kann im Moment schlecht schlafen. Dann stehe ich früher auf und spaziere herum. Ich hab eine kleine Wohnung in der Südstadt. Ich wanderte herum, ziellos, ohne es zu planen. Ich mag es, wenn nicht viele Leute auf der Straße sind. Dann lenkt mich nichts ab. Ich kann besser vor mich hin sinnieren. Oder nennen Sie es träumen ... «

»So genau will ich es eigentlich nicht wissen ... « unterbrach der Kommissar.

»Gut«, richtete sich Jan auf. »Ich kam jedenfalls über den Bonner Talweg und die Poppelsdorfer Allee in die Innenstadt. Unbewußt hörte ich Glocken läuten. Und auf dem Münsterplatz entschloß ich mich dann spontan, die Messe im Münster zu besuchen.«

»Ein bißchen kürzer, bitte«, unterbrach Kommissar Hartung.

Jan nickte. Ja, er hatte sich, seitdem er in die Geschichte reingerutscht war, dieses umständlich Denken und Reden angewöhnt. Denn er hatte ja Zeit, zuviel quälend langsam vergehende Zeit. Auch bei Therese - Therese! - auch bei ihr hatte er seine langatmige Argumentation und seine Überzeugungsversuche angewandt. Und es hatte nichts genutzt. Wieder spürte er dieses Gefühl von hilfloser Trauer, von Vergeblichkeit.

Jan sah in das Gesicht des Kommissars. Es machte einen vertrauenswürdigen Eindruck, aber es bekam einen Anflug von Ungeduld. Jan lächelte.

»Also, Herr Kommissar. Ich war lange nicht mehr in der Kirche. Wenn das meine Mutter, Gott hab sie selig, wüßte. Gut, es interessiert Sie nicht. Ich setzte mich also in eine der hinteren Bänke auf der linke Seite, also in der Mitte, auf die linke Seite. Sie verstehen? Ich bekam vom Gottesdienst nicht sehr viel mit, da ich mit meinen eigenen Gedanken beschäftigt war. Es geschah sozusagen ohne mich. Erst ganz zum Schluß, und das wird Sie wohl interessieren, sah ich einige Bänke vor mir, zwischen anderen Leuten sitzend, eine junge Frau, die mir bekannt vorkam, die mir gut bekannt vorkam. Ich war mir aber nicht ganz sicher. Ihr Mantel kam mir fremd vor. So wartete ich, bis der Gottesdienst zuende war, und die Menschen die Kirche verließen. Als so gut wie niemand mehr da war, stand ich auf und ging zu dieser Frau, die, wie ich, sitzengeblieben war. Sie saß fast in der Mitte der Bank. Ich rückte zu ihr hin. ich schaute sie von der Seite an. Und da erkannte ich, daß es nicht die Frau war, die ich erwartet hatte. Diese Frau war mir unbekannt. Ich wollte schon aufstehen, da sank sie zur Seite - und ihr Kopf landete auf meinem Schoß. - Und dann - «

Jan zögerte einen Moment. Der Kommissar, durch langjährige Erfahrung geschult, wurde aufmerksam und schaute Jan kritisch an.

»Und dann«, fuhr Jan mit leichterrötetem Gesicht fort, »dann habe ich die Frau wieder aufgerichtet. Ich wollte nicht begreifen, was geschehen sein konnte. Ich wollte nichts damit zu tun haben. Ich richtete die Frau wieder auf. Sie blieb sitzen, wenn auch ihr Kopf ein wenig nach hinten sank. Ich schob mich aus der Bank und wollte die Kirche verlassen. Da kam der Priester - und bat mich zu bleiben. - Das ist eigentlich alles.«

Jan setzte sich zurück und lehnte sich bequem gegen den ledergepolsterten Stuhlrücken. Aber er schaute an dem Kommissar vorbei. Und wenn er noch rauchen würde, wie vor Jahren, dann hätte er jetzt eine Zigarette aus der Packung hervorgeschnippt, sie angezündet und hätte den Rauch gierig inhaliert. Jan schaute geradeaus auf einen mit Holzschnitzwerk verzierten Paramentenschrank, den er sah, aber nicht begriff. Und er dachte: Therese.

Jan war dankbar, daß nun eine junge Frau hereinkam und sich seltsam vertraulich zum Gesicht des Kommissars hinunterbeugte und etwas sagte, was Jan gerade verstehen konnte: »Karl, die Spurensicherung ist fast fertig. So gut wie keine besonderen Spuren. Wenn auch eine Unzahl Fingerabdrücke. Wahrscheinlich nichts Verwertbares, alles vermutlich von Gottesdienstbesuchern. Keine Spur von Gewalteinwirkung. Todesursache unbekannt. Zeitpunkt des Todes: vermutlich vor weniger als einer Stunde.«

»Gut«, sagte der Kommissar, »gibt es noch Zeugen - außer dem Kaplan?«

»Nur die beiden alten Leute«, sagte die junge Frau.

»Schick sie mir gleich herein«, nickte der Kommissar, lächelte und legte seine Hand für einen Moment auf ihre Schulter. Dann schaute er Jan kurz an, ein leichtes Lächeln ging über sein Gesicht, das gleich wieder ernst wurde. Und mit ein wenig Schärfe in der Stimme fragte er Jan:

»Warum sind Sie aufgestanden, ohne sich um die Tote zu kümmern?«

Jan zögerte.

»Antworten Sie sofort!« drängte nun der Kommissar.

»Ich - ich wußte doch nicht, daß sie tot war! Und - ich wollte - ich wollte nichts damit zu tun haben. Ich - ich wollte keine Fragen.«

Er hob beide Schultern kurz an. »Aber jetzt fragen Sie mich ja«, sagte Jan mit Resignation. Er ließ sich trotzdem Zeit. Er hatte durchaus nicht die Absicht, dem Kommissar seine Lebensgeschichte zu erzählen. Darum sagte er: »Es ist was Persönliches. Ich sagte Ihnen doch, daß mich die Frau an eine Bekannte erinnerte. Ja, und die habe ich geliebt. Vielleicht liebe ich sie immer noch. Aber wir sind auseinandergegangen.« Und leise fügte er hinzu: »Sie ist von mir weggegangen.«

Wieder spürte Jan den Schmerz, und er schluckte, schlug die Augen nieder. Es war ihm unangenehm, daß ihm der Kommissar so fragend ins Gesicht starrte.

»Nun verstehen Sie«, sagte Jan mit leichtem Aufbegehren, »ich war durcheinander. Da war mir gar nicht klar, was ich tat. - Suchen Sie nicht irgendetwas. Ich habe jedenfalls mit dieser Frau, da in der Kirche, nichts zu tun.«

Jan zog ein Taschentuch und schneuzte sich kräftig. Er war es leid, so vernommen zu werden, als habe er den Tod der Frau auf dem Gewissen.

Der Kommissar schaute Jan kritisch an. Nach einer Weile

sagte er: »Sie haben die Frau schon während des Gottesdienstes beobachtet. Ist Ihnen irgendetwas aufgefallen? Außer, daß sie Ihnen bekannt erschien?«

Jan schüttelte nachdenklich den Kopf.

»Wer hat neben der Frau gesessen? Rechts und links?« wollte der Kommissar dann noch wissen.

Jan zuckte mit den Schultern: »Ich habe nicht drauf geachtet. Kann mich nicht erinnern.«

Kommissar Hartung machte sich ein paar Notizen, lächelte dann Jan an, stand auf, gab ihm die Hand und sagte: »Gut, Herr Merode. Das wär´s. Wenn wir noch Fragen haben, werden wir uns melden. Danke für Ihre Bereitwilligkeit.«

Der Kommissar brachte Jan zum Ausgang der Sakristei.

Vor der Tür stand die junge Frau, die vorhin die Sakristei betreten hatte, und die beiden Alten, die sich um die Tote gekümmerte hatten. Jan ging an ihnen vorbei, sie beachteten ihn nicht.

Im hinteren Teil des Münsters, da, wo die Tote vermutlich immer noch lag, waren mehrere Menschen tätig. Lampen auf Stativen waren aufgebaut, die die Szene in helles Licht tauchten. Wahrscheinlich die Spurensicherung, dachte Jan und ging zum Ausgang Münsterplatz. Ein Polizeibeamter ließ ihn hinaus. Vor der Tür, in dem niedrigen Halbrund aus Stufen, standen einige Menschen und debattierten. Eine Frau, vielleicht Ende fünfzig, packte Jan am Arm und fragte neugierig: »Wat is dann loss? Ich han jehüert, se han en duude Frau im Münster jefunge?«

»Lassen Sie mich!« schüttelte Jan die Hand ab. Er hatte keine Lust, mit den Leuten zu reden. Sie würden schon morgen in der Zeitung lesen, was passiert war.

4. Geh weg Therese, laß mich in Ruhe

Jan ging über den Münsterplatz, schaute auf seine Armbanduhr, es war kurz vor elf. Er wußte nicht recht, was er nun tun sollte. Er fühlte sich unwohl und verspürte Druck auf seinem Schädel. Normalerweise wäre er nun noch ein wenig herumgewandert, um dann in irgendeinem Lokal etwas zu essen. Aber Jan mochte noch nicht an Essen denken. Er würde jetzt keinen Bissen herunterbekommen. So entschloß er sich, nach Hause zu gehen. Er beschleunigte seine Schritte. Es war schon fast so, als wolle er vor etwas flüchten.

Für die Auslagen der Schaufenster hatte er keinen Blick mehr, er starrte stur geradeaus. Fußgänger wichen ihm aus, um nicht von ihm angerempelt zu werden.

Ein leichter Nieselregen war aufgekommen, und hier und da zogen Windböen durch die Straßen. Jan eilte über den Kaiserplatz, ging durch die Unterführung zur Poppelsdorfer Allee. Die Bäume hielten den leichten Regen zurück. Aber im Bonner Talweg wurde Jan wieder naß. Es war nicht mehr weit, und Jan war froh, als er endlich seine Wohnung betrat.

Es war eine kleine Wohnung, die er gegen seine alte eingetauscht hatte. Er wollte die alten Erinnerungen loswerden, und außerdem mußte er Geld sparen. Jetzt, wo er nicht wußte, mit welchen Einnahmen er überhaupt rechnen konnte. Er mußte erst einmal sein Leben in den Griff bekommen.

Jan hing seinen feuchten Mantel auf einen Bügel in die Garderobe, ging ins Bad und rieb sich mit einem Handtuch den Kopf trocken. Dann machte er sich in seiner kleinen Kochekke einen Tee und verzog sich auf die Schlafcouch in seinem Wohnraum.

Er legte sich hin, ausgestreckt auf den Rücken. Er schloß

die Augen, die er nur öffnete, um hier und da von seinem Tee zu trinken. Die Wärme im Magen tat ihm gut und beruhigte seine Nerven.

Er wünschte sich ein wenig Schlaf, denn auch diese Nacht hatte er lange wachgelegen und hatte seine Gedanken und seine Gefühle hin und her gewälzt.

Wenn er nach seinem Tee griff, sah er die leere Stelle auf dem Tischchen neben seiner Couch. Da hatten die Bilder von ihr gelegen. Zuoberst das alte Bild, das er, weil er es besonders liebte, in den Mahagoniholzrahmen gesteckt hatte. Das Foto war bestimmt zehn, fünfzehn Jahre alt; aus einer Zeit, als sie sich noch lange nicht kannten. Ein Schnappschuß aus einer geselligen Runde. Niemand anderes ist auf dem Bild, aber sie hat ihr strahlendes Lächeln. Wen hat sie damals angelacht? Oder war es ein automatisches Lachen, das sie an- und abschalten konnte, ganz nach Belieben? Jetzt hatte er diese Gefühl mit Bitterkeit und war sich dessen fast sicher. Wie echt war ihr Lächeln? Das Lächeln, das sie ihm zeigte, wenn sie ihm die Tür aufmachte? Das Foto. Ihre braunen Haare sind aus der Stirn gestrichen, wie bei einem jungen Mädchen seitlich mit Klammern gehalten. Aber sie ist kein junges Mädchen mehr. Ihr Lächeln. Auf den Augen schon damals eine apartgeschwungene Brille. Die Augenbrauen in letzten Drittel zur Seite so ausrasiert, daß sie in einem fröhlichen Winkel nach oben stehen und die Augen größer machen. Ihre braunen Augen. Sie trägt ein rotes Kleid, ein wertvoller, fast glänzender Stoff. Er sieht teuer aus. Und ein großzüger runder Ausschnitt, es ist viel von ihrem Busen zu sehen. Eine dünne, eher untertriebene Goldkette. Der Fotograf hat Therese von halb oben geknipst. Jan hatte wieder die Augen zu. Hätte doch er sie nur so gesehen. Damals in Wirklichkeit. Ihr weicher, warmer Busen. Seine Hand fühlt ihn. Zeigefinger und Daumen streicheln ihre Brustspitzen und wie sie unter seinem sanften Reiben festwerden. Nicht daran denken. Jan schüttelt den Kopf. Es ist vorbei. Und doch ist sie immer noch in seinem Kopf,

und er kann machen, was er will, und er wird sie nicht los.
Und er hört, wie sie mit viel warmem Hauch *mein lieber, lieber bunter Jan* zu ihm sagt. Sie in dem roten Kleid auf dem Foto und ihre Stimme in seinem Ohr. Auch wenn er das Bild längst an sie zurückgegeben hat, so hat er es immer noch im Kopf, und ihre Stimme in seinem Ohr, und die Berührung ihres Körpers auf seiner Haut. Jans Seele ist so wund, wie kann er sie sich nur aus dem Kopf und aus seinem Gefühl reißen? Wenn er doch wenigstens ein bißchen schlafen könnte, ein bißchen vergessen könnte.

Er will sich ablenken, an die Tote von heute morgen im Münster denken. Vielleicht hilft es ihm, einmal für einige Zeit nicht an Therese zu denken. Er hat lange nach einem Kosenamen für sie gesucht. Er hat sie Schatz genannte, wie sie ihn. Nein, nicht wieder an Therese denken. Die Tote im Münster. Der freundliche aber bestimmte Kommissar, der ihn unsicher machte. Das Gespräch war gewiß nur ein Vorspiel. Der Kommissar hatte ihn geschont. Da wird noch etwas kommen, da war sich Jan sicher.

Ob die Frau eines natürlichen Todes gestorben ist? fragte sich Jan. Die Polizei war sich bestimmt nicht so sicher, sonst hätte sie vermutlich nicht einen solchen Aufwand betrieben, mit Spurensicherung, Zeugenvernehmungen und so.

Aber was ging ihn die Tote an? Außer, daß sie von hinten betrachtet eine gewisse Ähnlichkeit mit Therese hatte. Nein, die Ähnlichkeit war verblüffend. Wieder spürte er die Stiche im Herz, mitten in seinem Gefühl. Er war so traurig, daß es vorbei war. Immer noch spürte er diese heiße Liebe in sich, sie wollte aus ihm heraus und wußte nicht wohin. Und es brannte wie Feuer in ihm. Therese. Wie sehr hattest du dich für Charlotte interessiert, wolltest in allen Einzelheiten wissen, wie es dazu gekommen war. Zu dem bitterbösen Ende. Aber sie hatte keine Angst, nicht einmal Scheu vor ihm. Mehr, daß er eine Neugier spürte. Sie hatte sein Buch gelesen, wo er alles aufgeschrieben hatte. Alles in einem Kriminalroman versteckt. Wahres und Erfundenes gemischt, daß nur die Beteiligten wirklich wußten, was tatsächlich geschehen war. Und sie hatte ihm geschrieben. Auf einem ungewöhnlichen Briefbogen: Auf der Rückseite war ein Bild von Alfons Mucha abgedruckt. So wußte er schon mit dem ersten Brief, daß sie die Bilder von Mucha liebte, daß sie den Jugendstil mochte. Und sie schrieb, daß ihr der Jan Merode in dem Buch so sympathisch sei, weil er Gefühle habe und sie zeige und über sie sprechen konnte. Und daß sie kaum glauben könne, daß es noch solche Menschen gäbe. Selbstverständlich hatte er verstanden, daß nur er, der lebendige Jan aus Kopf und Herz und Blut gemeint sein konnte. Und sie machte ihm deutlich, daß sie nur einen Menschen für sich gewinnen könne, der es wirklich ernst meinte. Darum waren sie sich schon vom ersten Tag an nahe, so, als hätten sie sich schon lange gekannt. Und dann hatten sie eine schöne Zeit, und dann reichten zwei Wochen und alles brach zusammen, und es waren nur noch Scherben und Verletzungen und Schmerzen und eine unstillbare Traurigkeit. Therese.

Jan riß sich aus den Gedanken. Die Tote im Münster. Wer war die Frau? Wie war sie zu Tode gekommen? Warum ausgerechnet im Münster? Und warum hatte er eine solche Ähnlichkeit mit Therese gesehen? Sah er sich nicht neuerdings nach allen Frauen in ihrem Alter um, wenn sie nur dunkelblondes Haar, und eine Frisur wie sie und eine Figur wie sie hatten? Der warme Tee tat ihm gut. Immer noch hatte er keinen Hunger. Ein leichter Kopfschmerz pochte gegen seine Schläfen. Jetzt ein wenig Ruhe finden. Nichts mehr denken, nichts mehr fühlen. Geh weg Therese, laß mich in Ruhe.

Und Jan sank in einen leichten, unruhigen Schlaf.

5. Wir beobachten dich!

Es war Sonntagnachmittag gegen vier Uhr, als Jan aus einem unruhigen Schlaf erwachte. Er hatte wirres Zeug geträumt, und er fühlte sich zerschlagen und gerädert. Sein Schlafrhythmus war in den letzten Wochen aus dem Gleichgewicht geraten. Nachts lag er oft stundenlang wach. Da war er dann tagsüber oft müde und schlief zu ungewohnten Zeiten ein paar Stunden.

Jan erhob sich von seiner Schlafcouch und machte sich einen Kaffee. Noch immer hatte er keinen Hunger. In seinem Magen steckte Therese. Sie ließ nicht zu, daß er Appetit bekam.

Aber er raffte sich auf, sich unter die Dusche zu stellen, um seine Lebensgeister wachzumachen. Erst so heiß wie möglich, dann so kalt wie möglich. Es war eine Tortur, aber sie belebte ihn. Langsam bekam er wieder ein bißchen Energie, um wenigstens aus dem Rest des angebrochenen Sonntags etwas zu machen.

Er rief seinen Freund Hans-Heinz an. Es war sein bester Freund, mit dem er alles bereden konnte, und sie hatten immer füreinander ein offenes Ohr, wenn einer sein Herz ausschütten wollte. Hans-Heinz war Lokalredakteur des Bonner Stadtanzeigers. Und auch darum wollte Jan mit ihm sprechen, als er das Telefon nahm.

»Da hast du aber Glück gehabt«, sagte Hans-Heinz, »ich komme gerade von Annemarie aus dem Krankenhaus. Laß mich mal erst meinen Mantel ausziehen.«

Nach einem kurzen Augenblick meldete sich Hans-Heinz wieder: »Das ist aber eine ungewohnte Zeit, daß du anrufst. Hast Du wieder Liebeskummer?«

Hans-Heinz war manchmal ein bißchen direkt hinaus, aber Jan mochte das. So zwang er sich zu einem gequälten Lachen: »Mach keine Witze mit mir. Du weißt, daß meine Seele noch ganz wund ist. Was macht denn Annemarie, geht es ihr besser?«

»Na ja, so la-la«, wurde Hans-Heinz ernst.

»Du, ich muß dir was erzählen«, lenkte Jan ab, »stell dir vor, ich war heute morgen im Münster, ich war ja lange nicht mehr in der Kirche. Vielleicht hilft der liebe Gott mir ein bißchen. Aber zur Sache: Ich hab da einige Reihen vor mir eine Frau gesehen, die sah von hinten wie Therese aus. Du kannst Dir mein Herzklopfen vorstellen. Nachdem die Messe zu Ende war, wollte ich mich neben sie setzen. Nein, sie war es nicht. Aber das ist gar nicht die richtige Geschichte. Stell dir vor: Ich sitze neben der Frau, will schon wieder aufstehen, da fällt sie zur Seite mit ihrem Kopf in meinen Schoß. Und die Frau ist tot! Stell Dir meinen Schreck vor.«

»Das ist ja ein Ding«, meinte Hans-Heinz.

»Ja, und dann tauchte die Polizei auf, ein Kriminalkommissar Hartung hat mich gleich in der Sakristei vernommen. Aber was konnte ich schon sagen?«

»Halt die Ohren steif, mein Lieber, im Gegensatz zu einem anderen gewissen Körperteil ... «

»Du kannst es doch nicht lassen«, lachte Jan, denn er wußte ja, daß Hans-Heinz zuweilen eine schlüpfrige Phantasie hatte, aber innendrin tat es Jan weh, und er dachte an Therese, und wie schön es war mit ihr, die Zärtlichkeiten des Körpers zu teilen, da war nichts Schmutziges. Natürlich wußte Jan, worauf Hans-Heinz unausgesprochen Bezug nahm.

»Also paß auf«, sagte Jan. »Irgendwie habe ich Interesse an der toten Frau gefunden. Wer weiß, wie die zu Tode gekommen ist. Ich hab ja jetzt irgendwas mit ihr zu tun. Vielleicht kann es mich ein bißchen ablenken. Daß ich nicht andauernd an Therese denke. Du weißt, wie ich auf dem seelischen Zahnfleisch laufe. Vielleicht erfährst du was über die Zeitung. Wenn du heute Dienst hast, kannst du es mir durchgeben, wenn schon eine Pressemitteilung der Polizei vorliegt?«

»Ist doch klar. Ja ich hab heute Dienst. Wenn ich was erfahre, rufe ich dich an. Also, mein Lieber, wenn du Amateurdetektiv spielen willst, paß nur auf. Und wenn du was erfährst, was für die Zeitung interessant sein könnte, dann erfahre ich das sofort. Abgemacht?«

Die beiden frotzelten noch ein bißchen am Telefon herum und versprachen sich, bald wieder miteinander zu telefonieren. Wahrscheinlich schon am Abend.

Nun hielt es Jan in seiner Wohnung nicht mehr aus. Er zog sich an, legte den Mantel um und schloß die Wohnungstür hinter sich. Seine Schritte führten ihn, ohne daß er einen bestimmten Plan hatte, in die Bonner Innenstadt. Das Wetter hatte etwas aufgeklart. Es war trocken, aber immer noch wehte ein leichter kühler Wind. Es waren mehr Menschen unterwegs als am morgen, wenn auch überwiegend junge Leute, die zum großen Teil einen Kinobesuch im Sinn hatten. Wie lange war Jan nicht mehr im Kino gewesen? Es war viele Jahre her, damals mit seinem jüngsten inzwischen längst erwachsenen Sohn, als er mit ihm in München war. Irgend so ein Action-Film in einem viel zu lauten, viel zu kleinen Kino, mit einer Horde Halbwüchsiger, die rauchten, Bier tranken und dabei Unmengen Popcorn in sich hineinmampften, bei jeder Gewalttat wild gröhlten und applaudierten und ihren Mädchen, die wild kreischten, weil die Kerls ihnen auf die nackten Oberschenkel schlugen - oder dessen ungeachtet. Lange war Jan nicht mehr im Kino gewesen.

Jan ging den Kaiserplatz hoch, oben an der Ecke schaute er sich Auslagen des Schmuckgeschäfts Vollmar an. Seine Schwester war vor etlichen Jahren einmal Verkäuferin hier gewesen. Als Schmuckverkäuferin war sie was Besseres. Die Ringe. Gern hätte er Therese einen geschenkt, als sie zum erstenmal eine Nacht miteinander verbrachten. Oder noch früher, als sie Fahrradklingeln spielten und sich wie junge Leute vorkamen, wie jung Verliebte zu später Stunde, verschwiegen auf einer einsamen Parkbank oder zu Hause in der Bude. Die Tür verschlossen, daß keiner sie überraschte. Aber er hatte sich nicht getraut, ihr einen Ring zu schenken. Jan hatte früh gespürt, daß es ihr schwerfallen würde, sich zu binden. Er hatte ihr später einen Armreif geschenkt, Wiener Email, Jugendstil. Ob sie ihn heute noch trug? Nachdem die Eiszeit zwischen ihnen ausgebrochen war? Um die Ecke herum bei Vollmar das edle Porzellan im Schaufenster, Meißen, Königlich Kopenhagen. Charlotte sammelte Meißen. Tagtäglich hatten sie vom Zwiebelmuster gegessen. Charlotte, was mag aus ihr geworden sein? Damals war er ausgerastet. Zum Glück hatte sie es überlebt. Auch zu seinem Glück. Er hatte Buße geleistet. Er machte sich keine Vorwürfe mehr. Wie sehr stand sie nun im Schatten von Therese. Wenige Monate wiegen Jahre auf. Und noch viel größer ist der Schmerz.

Jan ging weiter, versuchte seine Erinnerungen zu verdrängen. Zwangsläufig kam er zum Münsterplatz und so, als habe er es geplant, betrat er das Münster. Ein Penner hatte sich an der schweren Tür postiert und machte sie bereitwillig auf, eine kleine Spende erhoffend. Jan lächelte und drückte dem nach billigem Schnaps riechenden, schmuddeligen Mann eine Münze in die Hand.

»Danke, der Herr! Danke, der Herr!«

In der Kirche war es still. Einige Menschen bewegten sich in den Gängen, als seien sie Touristen bei der Besichtigung. Einige saßen oder knieten in den Bänken.

Jan suchte den Platz auf, den er morgens innehatte. In der Bank weiter vorne, wo die tote Frau gewesen war, wies nichts mehr auf die Aufregung des Morgens hin. Alles war so, als wenn nichts Ungewöhnliches geschehen wäre.

Wer mochte die junge Frau gewesen sein? Sie war einige Jahre jünger als Therese gewesen, vielleicht Mitte, Ende dreißig. Gut gekleidet, der Mantel aus einem schweren Stoff. Jan versuchte sich zu erinnern: War der Mantel von dunkelblauer oder grauschwarzer Farbe gewesen? Es fiel ihm nicht ein. Und sie hatte einen Seidenschal um den Hals gewunden. An dessen Farben konnte er sich erinnern. Es war ein Ineinanderfließen von dunklen Rot- und Brauntönen, mit ein paar gelben und kleinen blauen Flecken. Einen ähnlichen Schal hatte er Therese zu Weihnachten geschenkt. Das war ein Weihnachtsfest, wie er es lange nicht mehr erlebt hatte, es war lange her, daß er mit seiner Familie so zusammengewesen war. Gute Dinge gegessen, gute entspannte Gespräche geführt. Alles war auseinander gegangen. Die Söhne werweißwo, die sich nicht einmal zu Feiertagen geschweige denn zu Geburtstagen meldeten. Alles Egoisten. Er hätte sie nicht mit Else in die Welt setzen sollen. Und Else hatte sich nach der Scheidung selbstverwirklicht. Aber wie. Auch ihre Träume und Illusionen waren den Bach hinuntergegangen. Wie die seinen. Und dann das Glück mit Therese. Er hatte noch nie so geliebt. Er war noch nie so glücklich gewesen. Und wieder spürte Jan, wie ihm der Hals zuschnürte, und er kniete sich, und er hielt eine Hand vor die Augen, so als sei er in einem Gebet vertieft, nur um nicht zu zeigen, wie ihm die Tränen übers Gesicht liefen. Da kniet ein Mann im Münster, ein Mann, der gerade die Fünfzig überschritten hat, ein Mann, der seine Tränen verbergen will, weil er einen solchen Kummer über seine gestorbene Liebe hat. Und keinen Trost findet. Er sagt sich: reiß dich zusammen. Sei ein Mann. Aber auch ein Mann muß Tränen haben. Langsam gewinnt er wieder Fassung. Putzt sich die Nase. Setzt sich wieder hin.

Und dann sah er da vorne die Frau. Sie kniete in der Bank genau an der Stelle, an der morgens die Tote gesessen hatte.

Und mit einem Mal war Jan von seiner Trauer abgelenkt. Er schaute gebannt auf die Frau. Dann sagte er sich, was soll der Unsinn, das ist doch Zufall. Die Frau, die da saß, weiß nichts von der Toten. Aber dann merkte Jan, daß die junge Frau da vorne weinte. Sie bewegte ihren Oberkörper in kleinen Schüben, sie schluchzte. Und Jan dachte wieder an seinen eigenen Kummer, hatte auch diese Frau ein Leid?

Niemand kümmerte sich um die weinende Frau. Die herumwandernden Leute beachteten sie nicht. Oder wollten sie nicht beachten. Was ging sie schon eine weinende Frau an? Soll jeder sehen, wie er mit sich selbst zurechtkommt.

Aber Jan kümmerte sich. Er stand auf, ging nach vorne zur Bank und setzte sich neben die Frau. Er ließ ein bißchen Abstand. Aber nur ein bißchen. Er wollte schon zeigen, daß er da war.

Die Frau zog ein Spitzentaschentuch aus einer Handtasche und tupfte sich die Tränen ab.

Es dauerte eine ganze Weile, bis die Frau aufstand, um die Bank zu verlassen. Jan schaute ihr nach, noch war er unentschlossen. Aber dann stand auch er auf und ging hinter der Frau her. Mit langsamen Schritten verließ sie das Münster. Jan folgte ihr. Dann beschleunigte er seine Schritte, bis er sie erreicht hatte. Und er sprach sie an: »Verzeihen Sie bitte. Ich möchte Sie nicht belästigen. Aber Sie haben da in der Bank gekniet. Wo heute morgen ... Sie müssen wissen, ich habe alles mitbekommen. - Bitte bleiben Sie stehen!«

Die junge Frau tat so, als ginge sie das nichts an; sie tat so, als sei sie ärgerlich: »Belästigen Sie mich nicht ... « sagte sie. Aber ihre Antwort wirkte mehr wie eine Frage und gar nicht wie ein Ausdruck der Entrüstung.

Und sie ging langsamer.

»Bitte einen Augenblick«, sagte Jan mit ruhiger Stimme und einem vorsichtigen Lächeln.

Einige Passanten, die ganz in der Nähe gingen, hatten wohl etwas mitbekommen und schauten nun neugierig, fast vorwurfsvoll. Belästigte da ein nicht mehr ganz junger Mann eine junge Frau?

Ein Mann, vielleicht um die dreißig, trat auf zu und sagte mit einem drohenden Unterton, während er Jan ansah: »Kann ich helfen?«

Da sagte die junge Frau: »Es ist schon gut, danke, wir kennen uns.«

Sie griff Jan am Arm und zog ihn ein wenig näher an sich heran.

»Gut«, sagte sie. »Laden Sie mich zu einer Tasse Kaffee ein.«

»Ist der *Nachrichtentreff* gleich hier um die Ecke in der Kaiserpassage recht?« fragte Jan.

Sie nickte.

Sie hatten an einem Tisch im oberen Stockwerk platzgenommen, die junge Frau behielt ihren Mantel an, während Jan den seinen auszog und über die Lehne eines unbenutzten Stuhles legte.

»Bitte, ich möchte mich Ihnen vorstellen. Mein Name ist Jan Merode. Es ist nicht meine Art, fremde Frauen anzusprechen, erst recht nicht auf diese Weise. Ich möchte nicht, daß Sie einen falschen Eindruck bekommen. Aber ich möchte Ihnen etwas erzählen. - «

Ein junger Mann, den eine lange weiße Schürze als Kellner auswies, trat an den Tisch.

»Zwei Kaffee, bitte«, bestellte Jan. Ein ganz leises Zucken um den rechten Mundwinkel des Kellners zeigte, daß ihm eine etwas umfangreichere Bestellung lieber gewesen wäre. Aber er sagte: »Besten Dank, kommt sofort.«

Nun hatte die junge Frau auch ein kleines Lächeln auf dem Gesicht. Sie stand auf, zog ebenfalls ihren Mantel aus und legte ihn über den von Jan. Das war eine Geste von Vertrautheit, die Jan, ohne sich etwas anmerken zu lassen, zur Kenntnis nahm.

Schon kam der Kellner mit den Kaffeetassen und stellte sie nebst Zucker und Milch auf den Tisch.

Jan nahm sich Milch und Zucker, sie blieb bei schwarz und ungesüßt.

Beide tranken und schauten dabei über die Tassenränder den anderen an.

Die junge Frau, Jan schätzte sie nun auf etwa vierzig, war vielleicht keine ausgemachte Schönheit, aber sie hatte im Gesicht das gewisse Etwas, das er an Frauen mochte. Ihre Nase ein wenig stubsig, ein weiches Kinn, schöne große Augen, keine Brille und kastanienbraunen Haare in einem einfachen aber wirkungsvollen Schnitt. Sie hatte eine guten Friseur, die Haare saßen, auch wenn sie nur einmal mit den Fingern wie mit einem groben Kamm dadurchfuhr. Sie tat es soeben, als habe sie seine Gedanken erraten. Sie trug ein dunkelblaues Wollkleid, das ihre gute, wenn auch ein wenig üppige Figur betonte. In dem einfachen Ausschnitt eine Perlenkette. Wenn die echt war, dann war sie einiges wert, überlegte Jan.

»Entschuldigung«, sagte Jan leise, weil er sich dabei ertappte, daß er sie angestarrt hatte.

Sie lächelte. Ihr war das bestimmt schon oft passiert.

»Ich wollte Ihnen was erzählen«, begann Jan, und er setzte sich ein wenig zurück und schaute der jungen Frau in die Augen, die seinem Blick standhielt.

»Wissen Sie, meine Beziehung liegt auf Eis ... ja, gewiss, es geht Sie nichts an ..., und ich hatte das Bedürfnis, ein wenig nachzudenken. Und ich ging spontan in einen Gottesdienst heute morgen im Münster. Und dann sah ich einige Reihen vor mir eine Frau. Sie sah von hinten so aus wie meine ... wie Therese, Sie verstehen? Mit ihr hatte ich nun gar nicht gerechnet. Obwohl ich sie gerne ... ja, das tut auch nichts zur Sache. - Und als dann die Messe aus war, da setzte ich mich neben diese Frau, die aber nicht Therese war, wie ich sofort - ein wenig enttäuscht - erkannte. - Aber, da stimmte etwas nicht. Die Frau sank plötzlich zur Seite, ihr Kopf fiel in meinen Schoß. - Die Frau war tot ... «

Jan hatte die Frau ihm gegenüber beobachtet, und er hatte gesehen, wie mit jedem Satz, den er gesprochen hatte, sich ihr Gesicht verfinsterte und Trauer, ja Entsetzen ausdrückte.

»Bitte, reden Sie nicht weiter!« stieß sie plötzlich hervor, suchte in ihrer Handtasche nach einem Taschentuch. Sie begann zu schluchzen und weinte dann.

Jan war es unwohl. Er fühlte sich hilflos. Und Leute vom Nachbartisch schauten neugierig, und auch der Kellner drüben von der Theke sah jetzt ununterbrochen her. Jan wäre am liebsten aufgestanden und hätte die junge Frau, einem Impuls des Mitleids folgend, tröstend in den Arm genommen.

»Bitte - es tut mir leid - kann ich helfen?« stammelte Jan.

Es dauerte eine Weile, bis die junge Frau sich gefaßt hatte. Sie zerknüllte das Taschentuch und trank von ihrem Kaffee.

»Entschuldigen Sie«, sagte sie leise. »Sie sollen auch meinen Namen erfahren. Ich heiße Melanie Küppers. - Und die tote Frau, die Sie heute morgen im Münster gefunden haben, war meine Freundin. Sie können ruhig ihren Namen wissen, sie heißt - sie hieß - Nina Lessenich. Wir waren Schulfreundinnen. Es ist etliche Jahre her. -

Bitte, ich brauche jetzt was Hochprozentiges. Können Sie mir was bestellen?«

Jan schnippte nach dem Kellner, und die junge Frau bestellte einen Gin mit Eis. Jan blieb bei seinem Kaffee. Er mußte ein bißchen auf das Geld sehen.

Als die junge Frau von ihrem Gin einen herzhaften Schluck genommen hatte, fuhr sie fort: »Als Halbwüchsige waren wir ein Herz und eine Seele, waren unzertrennlich, teilten uns die ersten Jungs. Es waren vielleicht die besten Jahre. Dann heirateten wir beide. Sahen uns immer weniger, wegen der Männer und der Familie. Wurden beide geschieden. Verloren uns aus den Augen, weil Nina nach München zog. Irgendwann kam sie wieder. Traf sie zufällig auf der Straße. War total verändert. Mir fremd. Wir hörten nur noch hier und da voneinander. Verloren uns aus den Augen. Aber dann bekam ich vorgestern von ihr einen Anruf. Sie wirkte aufgeregt, vielleicht verängstigt. Ich verstand nicht. Sie sagte, sie brauche mich. Sie wolle mich besuchen, gestern. Müsse dringend mit mir reden.«

Die junge Frau trank den Rest von ihrem Gin aus.

»Aber sie kam nicht?« riet Jan.

»Richtig.«

»Und jetzt ist Nina tot«, stellte die junge Frau mit einem bitteren Zug um den Mund fest.

Jan trank von seinem Kaffee. Schaute die Frau ruhig an. Sie war ihm symphatisch. Erinnerte ihn in ihrem Selbstbewußtsein, in ihrer aparten Erscheinung an Therese. Therese. Und er spürte wieder diesen bösen, aber auch ein wenig süßen Schmerz in der Brust. Er legte die Hand darauf. Jetzt nicht an Therese denken!

Jan fragte: »Und wie erfuhren sie vom Tod ihrer Freundin? Sie waren doch in der Kirche. Genau in der richtigen Bank.«

Die junge Frau zögerte.

»Ich weiß nicht, ob ich es Ihnen sagen soll. Ich kenne Sie doch gar nicht. Ich weiß nicht. - Bitte, ich möchte mehr von Ihnen wissen. Es ist für mich nicht genug, zu wissen, daß Sie Liebeskummer haben. Und das sieht Ihnen eine Frau an. Zumindest eine Frau, die geliebt hat.«

Nun lächelte sie.

»Sie brauchen nicht rot zu werden. - Ich habe auch so meine Verletzungen und Enttäuschungen. So ist nun mal das Leben. Es tut eben oft weh.«

Jan schaute sie lächelnd an. Wie kam er nur dazu, mit dieser wildfremden Frau über sein Liebesleben zu reden? Aber vielleicht geht das mit fremden Menschen viel leichter, sagte sich Jan. Die haben möglichweise weniger Vorurteile.

»Gut. Sie wollen mehr von mir wissen. Um zu sehen, ob Sie Vertrauen zu mir haben können? Das verstehe ich. Gut. Erzähle ich Ihnen ein wenig von mir. - Darf ich Ihnen noch etwas bestellen?«

Sie schüttelte den Kopf.

»Wissen Sie, ich verdiene mit Schreiben mein Geld. Das Wort Schriftsteller mag ich nicht. Im Moment habe ich eine kleine Durststrecke. Es ist für Sie nicht wichtig. Ich hatte eine jahrelange Beziehung, hatte all meine Hoffnungen hineingegeben. Es ging nicht. Vor lauter Verzweiflung bin ich ausgerastet. Schauen Sie nicht so erschreckt. Ich habe meinen Denkzettel bekommen. Ach ja, ich war lange verheiratet, hab drei erwachsene Söhne, die nicht mehr viel mit mir zu tun haben wollen. Vor einem halben Jahr lernte ich Therese kennen - was sagt Ihnen schon der Name? - und ich habe meine Liebe für sie in einer Weise wachsen lassen können, wie ich es noch nie erlebt habe. Wir waren eine kurze Zeitlang glücklich. Und dann ging es ganz schnell zuende. Ich begreife noch immer nicht, was geschehen ist, und wie es geschehen konnte. Darum war ich im Münster. Es war nicht, um zu beten. Es war ein weiterer vergeblicher Versuch, in mir selbst eine Antwort zu finden. Das ist alles. Es wundert mich schon, daß ich Ihnen das, wo Sie mir fremd sind, alles beichte ... «

Jan sah an der Frau vorbei, auf eine bestimmte Weise hatte er ja auch nur mit sich selbst gesprochen.

Die junge Frau lächelte Jan an, ihr Gesicht drückte Verstehen und Freundlichkeit aus.

»Danke, daß Sie mir das gesagt haben. Ich begreife Sie. Gut ich will Ihnen berichten, was geschah. Heute Mittag erhielt ich einen Anruf. Eine mir unbekannte Männerstimme, sie sagte: Hör zu, ich sag es nur einmal. Deiner Freundin Nina ist was passiert. Heute morgen in der Münsterkirche. In der zehnten Bank rechts von hinten. Du wirst deine Freundin nicht wiedersehen. Wir wissen, daß sie dich angerufen hat. Wenn du nicht willst, daß dir das gleiche passiert, wirst du den Mund halten. Wir beobachten dich. - Der Mann legte auf, bevor ich etwas sagen konnte. - Und jetzt rede ich mit Ihnen. Ich bin leichtsinnig. Was ist nur mit Nina passiert?«

Der Kellner ging langsam an ihrem Tisch vorbei, so als wolle er eine Bestellung einholen. Jan und die junge Frau beachteten ihn nicht. Auch der Mann hinter der Theke mit einem endloslangen Bart weißer Haare, die er am Ende mit einem Band zusammengebunden hatte, schaute zu ihnen hinüber.

Jan sah die junge Frau an. Melanie Küppers heißt sie, hatte er verstanden. Sie blickte ernst, sie machte sich wirklich Sorgen. Es war schon seltsam, daß sie ihn, den fremden Mann, in ihr Vertrauen zog.

»Wie lange haben Sie ihre Freundin nicht gesehen?«, fragte Jan.

Sie zögerte.

»Vielleicht vier, fünf Jahre. Ich weiß nicht genau. Ich glaube, es war bei einem dieser öden Klassentreffen. Ich geh da normalerweise nicht hin. Eine andere Klassenkameradin hat mich mitgeschleift. Da sah ich Nina wieder. Wir haben kaum ein Wort gewechselt. Aber ich erinnere mich, daß sie aufgekratzt wirkte, aber so, als wolle sie etwas verdecken. Sie wirkte, wenn ich es mir heute überlege, unehrlich auf mich. Wenn Sie verstehen, was ich meine.«

Jan nickte.

Dann fragte er: »Haben Sie der Polizei etwas von dem Anruf gesagt?«

Sie schüttelte den Kopf. »Ich weiß nicht. Vielleicht habe ich Angst.«

Jan dachte einen Moment nach.

Schließlich fragte er: »Aber jetzt wollen Sie wissen, was mit Ihrer Freundin passierte?«

»Das ist doch verständlich«, sagte sie ein wenig geistesabwesend und auch so, als wolle sie sich vor den Fragen von Jan zurückziehen.

Dann schaute sie unvermittelt auf ihre Armbanduhr.

»Ach Du je! Ich habe ganz vergessen, daß ich noch zu meinen Eltern will. Ich muß jetzt gehen. Danke, daß Sie mir zugehört haben.«

Sie kramte aus ihrer Handtasche eine Geldbörse hervor: »Ich möchte meine Getränke ... «

»Lassen Sie schon. Ich übernehme das«, sagte Jan.

Der Kellner kam, und Jan bezahlte.

Jan und die junge Frau standen auf. Er half ihr in den Mantel. Sie gingen die Treppe hinunter und verließen das Lokal. Davor blieb die junge Frau stehen. Sie reichte Jan die Hand und lächelte: »Ich muß zum Busbahnhof gleich hier in der Nähe. Danke, daß Sie mit mir geredet haben.«

Sie gaben sich die Hand.

Die junge Frau wandte sich ab.

Nach einigen Schritten sagte Jan: »Und wenn Sie mit mir sprechen wollen?«

Sie kam wieder ein paar Schritte zurück: »Dann werde ich Sie anrufen, Herr Merode. Ich denke, Sie haben ein Telefon?«

Sie lächelte wieder und ging, ohne sich noch einmal umzusehen, davon.

Ja, dachte Jan. Die junge Frau. Melanie Küppers heißt sie. Und vielleicht hat auch sie ein Telefon.

6. ... die Probleme davonschweben ließ

Nachdenklich verließ Jan die Kaiserpassage. An der Universität vorbei schritt er in Richtung Marktplatz. Ihm ging die Tote von heute morgen durch den Kopf, Nina Lessenich hieß sie. Und er dachte an das Gespräch mit der Freundin; Melanie Küppers hatte sie sich genannt. Ob sie ihn anrufen wird? Ob ihr Name richtig ist? Was wäre, wenn sie ganz anders hieß? Wenn sie sich nicht melden würde? Dann hätte er die Verbindung zu ihr verloren. Aber war das wirklich so wichtig für ihn? Was ging ihn überhaupt die Tote an? Aber sein Interesse war geweckt. Wie war die Frau zu Tode gekommen? Äußerlich konnte man ihr nichts anmerken. Und die Polizei, wie hieß doch noch der Kriminalkommissar, der ihn befragt hatte?

Jan ging über den Marktplatz am Obelisken vorbei. Heute war es eine freie Fläche, die Marktstände waren abgebaut, und Passanten gingen kreuz und quer über den Platz.

Da merkte Jan, daß er Hunger bekommen hatte, und der Kaffee rumorte in seinem Leib. Er beschloß, etwas essen zu gegen. Er lenkte seine Schritte in die Bonngasse und betrat die kleine Pizzeria 'La Piccola'. Hier war er früher oft mit seinen Söhnen gewesen, als sie noch Kinder waren.

Zu dieser Stunde waren nicht viele Gäste im Lokal. Jan nahm an einem freien Tisch Platz. Sogleich kam der Chef der Pizzeria, Jan kannte ihn noch von früher, ein ziemlich großer Mann, mit etwas Bauch, einer kräftig gebogenen Nase und einem wulstigen Doppelkinn. Jan bestellte ein Glas Rotwein, einen Bauernsalat und eine Pizza Romero. Das hatte er schon vor vielen Jahren hier gegessen. Der Rotwein wurde von einem Kellner gebracht, und der Salat mit einem Teller Brot standen wenige Minuten später auf seinem Tisch. Jan langte herzhaft zu, er hatte tatsächlich Appetit und Hunger bekommen. Therese lag ihm immer noch im Magen, und sein Kummer hatte Jan schon ein paar Pfund gekostet. Wenigstens eine angenehme Begleiterscheinung, denn Jan war in den letzten Jahren immer etwas übergewichtig gewesen.

Als Jan sich einen Bissen knackigen Salat mit Streifen von Schinken und Käse in den Mund schob, wurde ihm bewußt, daß er einige Zeit nicht an Therese gedacht hatte. Dafür erinnerte er sich an das Gespräch mit dieser Melanie Küppers. Eine interessante Frau war das. Und sie machte einen gebildeten Eindruck. Was mochte sie nur von Beruf sein? Und sie war besorgt. Sie hatte Trauer um ihre Freundin. War die durch Gewalt zu Tode gekommen? Wenn die Warnung, die Melanie Küppers erhalten hatte, echt war, dann war das ziemlich wahrscheinlich. Das konnte auch für ihn gefährlich, wenn er in diese Sache hineingezogen wurde. Er sollte die Finger von der Angelegenheit lassen, vielleicht sollte er Hans-Heinz Bescheid sagen. Dann hatte die Zeitung einen Aufhänger und brachte die Kriminalpolizei auf Trab.

Kaum hatte Jan den Salat verzehrt, wurde die Pizza gebracht, und Jan machte sich über sie her.

Er würde nachher mit Hans-Heinz telefonieren. Der war ihm bestimmt für den Tip dankbar. Oder sollte er es lieber lassen, um Melanie Küppers nicht zu gefährden? Jan war unschlüssig. Er durfte die junge Frau nicht in Gefahr bringen.

Jan bestellte sich noch einen Rotwein und trank auch diesen

mit kräftigen Schlucken, denn er hatte von dem gutgewürzten Essen einen ordentlichen Durst bekommen. Wofür sind sonst die Gewürze in einer Gaststätte da?

Ob es das Essen, oder der Alkohol - er hätte vielleicht doch nicht so schnell trinken sollen - oder die Ablenkung durch diese Melanie Küppers war, jedenfalls hatte Jan eine lange nicht gekannte Tatkraft zurückgewonnen. Konnte es sein, daß er sogar ein wenig gute Laune bekommen hatte?

Jan verließ die Pizzeria und schlenderte durch die Straßen und blickte sich hier und da ein Schaufenster an. Manchmal hatte er das unbestimmte Gefühl, daß ihm jemand folgte. Er blieb mehrmals unvermittelt stehen und sah sich plötzlich um. Sicher, da waren einige Menschen auf der Straße, war da wirklich jemand, der ihm folgte? Jan schob seine Ahnungen zur Seite und ging dann gemächlich nach Hause.

Dort kam er gegen acht Uhr an, rechtzeitig, um sich im Fernseher die Tagesschau anzusehen.

Da nun schon einmal bei Rotwein gelandet war, öffnete er eine gute Flasche, einen alten St. Emilion. Machte es sich auf seiner Couch bequem und schaute wenig aufmerksam fern.

Dann fiel ihm sein Freund Hans-Heinz ein. Er entschloß sich, ihn anzurufen, aber nicht alles zu sagen. Freundschaft hin, Freundschaft her.

Aber Hans-Heinz ging nicht ans Telefon, weder zu Hause noch in der Redaktion. Dort hieß es, er sei auf Außentour.

Na ja, dann eben nicht, dachte Jan, und er begrüßte den leichten Nebel, der sich auf sein Gehirn legte, alles in eine sanfte Watte packte und die Probleme davonschweben ließ.

7. Endlich loslassen

Jan wachte schweißgebadet auf. In seiner Sonntagskleidung
war er auf der Couch eingeschlafen. Er hatte wirres Zeug geträumt. Hatte es etwas mit dem schlimmen Traum zu tun, den
er hatte, als er das letzte Mal mit Therese geschlafen hatte? Es
war ein Durcheinander von Erinnerungsfetzen. Jan verspürte
Druck auf seinem Kopf und eine leichte Übelkeit. Er setzte
sich auf, zog sich bis auf die Unterwäsche aus, warf Hemd
und Hose auf einen Sessel. Er fuhr sich mit den Händen durchs
Haar, es war feucht verschwitzt. Jan rappelte sich auf, ging ins
Bad und stellte sich unter die Dusche, deren Wasser er so kalt
wie nur eben möglich laufen ließ. Er versuchte es lange aus-
zuhalten. Dann rubbelte er sich trocken, es war ihm ein bißchen klarer im Kopf. Klar genug, daß er daran denken mußte,
wie er mit Therese unter der Dusche gestanden hatte. Wie sie
sich gegenseitig eingeseift hatten, mit ihren Körpern die Seife
verteilten und das warme Wasser über ihre eng aneinander
geschmiegten Körper laufen ließen und sich küßten, und sich
küßten und sich küßten ... und nicht schnell genug auf ihr Bett
kamen. O Therese! Wieder spürte Jan diesen Schmerz in seinem wunden Gefühl. Der Alkohol war nicht mehr stark genug, um ihn zu vertreiben.

Schnell rieb sich Jan trocken, aber es zwang ihn, seine Augen zu schließen und an Therese zu denken. Zu fühlen, wie sie
ihn sanft und zärtlich trocken rieb. Auch da unten. Und Jan
schämte sich, daß sein Körperteil da unten nicht tot war.

Jan zog sich Nachtzeug an und holte sich Mineralwasser aus
dem Kühlschrank, das er hastig trank, bis ihm der Magen wehtat. Jeden körperlichen Schmerz fühlen, nur nicht den Schmerz
im Gefühl.

Jan legte sich wieder hin. Ließ die Lampe an, ihn störte das nicht, er konnte auch bei hellem Licht schlafen. Wenn er wachträumte, schloß er lieber die Augen.

Komm Schlaf, wünschte sich Jan. Aber er konnte nicht einschlafen.

Jan suchte schöne Gedanken, vielleicht schoben sie seinen Schmerz beiseite. Er erinnerte sich daran, wie er Therese zum ersten Mal in ein Lokal geführt hatte. Es war in den Abteistuben oben auf dem Michaelsberg in Siegburg. Es war nicht einmal ein halbes Jahr her. Sie sahen sich nur eine Stunde, sie mußte noch weg. Sie tranken nur einen Tee. Wie oft hatten sie später Tee miteinander getrunken? Schwarzen Tee, Grünen Tee, Früchtetee. Sie waren noch beim *Sie* gewesen und reserviert voreinander. Jan hatte viel von seinem Beruf, von seiner Schriftstellerei erzählt. Er hatte soviel von sich gesprochen. Nachher stellte er fest, daß er von ihr fast nichts erfahren hatte. Aber sie hatte sich für sein Schreiben interessiert. Nachdem sie den Berghang hinabspaziert waren, hatte sie bei Bouvier am Markt ein Buch von ihm gekauft. *Herbstblätter*, sie war so neugierig darauf, etwas von ihm zu lesen. Das hatte ihm geschmeichelt. Dann hatte er sie zu ihrem Auto in der Tiefgarage gebracht. Sie sprach von ihren Ängsten in solchen Garagen und tat es jetzt mit einem Lachen ab. Ihr Lachen! O Gott, wenn man das doch nur festhalten könnte, wie einen Gegenstand! O Gott, vertreib meinen Schmerz. Sie hatten sich nicht einmal verabredet. Sie würden voneinander hören. Gewiss. Sie hatte vor, eine Freundin in Süddeutschland zu besuchen. Eine gute Freundin. Leider konnten sie sich nur noch alle halbe Jahre treffen. Für ein paar Tage, irgendwo in Süddeutschland.

Hatte der Lebenspartner dieser Freundin nicht den gleichen Namen wie er? Oder hieß er Walter?

Jan hatte immer noch Durst und trank von dem Mineralwasser. Gäbe es doch ein Getränk gegen dieses Feuer da in ihm drin. Um es endlich zu löschen und die Asche auf all die Orte und Stellen verteilen, die sie zusammen betreten hatten. Wohnungen, Räume, Hotelzimmer, Lokale, Wege, Straßen, Plätze, Kirchen, Konzertsäle - Schlafzimmer.

Und dann hatte sie ihm geschrieben. Hinten auf dem Brief das Bild von Mucha. Zufälligerweise hatte er sich vor Monaten einen Bildband von diesem Maler des Jugendstils gekauft, im Modernen Antiquariat von Bouvier gegenüber der Universität. Heute Mittag war er noch da vorbeigegangen. Und sie schrieb ihm, daß sie auf der Zugfahrt zu ihrer Freundin sein Buch fast ausgelesen hatte. Und daß sie sich einen Menschen wünschen würde, der soviel Gefühl zeigen und darüber reden konnte wie dieser Jan in seinem Buch. Noch nie hatte ein Mensch ihn so gut verstanden. Dieser Brief, es war der eigentliche Anfangspunkt ihrer Beziehung. Und dann hatte er, als es nicht mehr zwischen ihnen ging, ihr diesen Brief mit all den anderen Briefen zurückgegeben. Therese. - Du Zärtliche. - Warum bist du nun so unversöhnlich? - Gott im Himmel, wenn es dich gibt, bitte verleih mir wieder diesen Haß, der es mir leichter macht. - Mach mein Gefühl kalt. - Friere es zu Eis. - Wenigstens schlafen können. - Endlich abschalten können. - Endlich loslassen können. - Loslassen. -

Jan sank in Schlaf. Für ein paar Stunden, die seinem Kopf Ruhe brachten. Er träumte.

Aber als er morgens wach wurde, konnte er sich an nichts erinnern.

Montag

8. Er wußte, daß er sie bald nur noch Melanie nennen würde

Jan nahm sich vor, diesen Tag nicht andauernd an Therese zu denken und über das Auseinanderbrechen ihrer Beziehung zu grübeln. Ob er je eine Antwort in sich allein finden würde? Er mußte sich zwingen. Und er nahm fest vor, sich durch Arbeit abzulenken. Er wollte den neuen Tag, diesen Montag, mit Tatkraft beginnen.

Als er aus dem Bad kam, machte er sich ein ausgiebiges Frühstück, mit Ei, Wurst, Käse und Konfitüre. Dazu die Tageszeitung. Man soll frühstücken wie ein Kaiser. Jan suchte nach einer Meldung über die Tote im Münster. Es fand nur eine nichtssagende kurz Notiz. Jan konnte nicht mehr Informationen entnehmen, als er selbst schon wußte. Auch über die Todesursache der Frau stand nichts in der Zeitung.

Kaum, daß er den letzten Bissen gegessen hatte, klingelte das Telefon. Hans-Heinz. »Na, mein lieber Jan.« Die übliche freundliche Begrüßung.

»Ich hab gestern abend noch versucht, dich anzurufen - «

»Ja, ich war auf Tour, der übliche Kleckerkram. Eigentlich was für Anfänger.«

»Du, stell dir vor, ich habe eine junge Frau kennengelernt.«

»Na, schon wieder auf Freiersfüßen, du alter Casanova!« unterbrach ihn Hans-Heinz.

»Nein, nein, nicht wie du denkst. Du weißt doch, daß ich noch Trauer trage. Nein, ich habe diese Frau im Münster kennengelernt, oder besser davor. Also laß dir erklären.« Und Jan erzählte von Melanie Küppers und von dem Gespräch, das sie im *Nachrichtentreff* geführt hatten. Er ließ nichts aus, auch nicht die Drohung, die Melanie Küppers durchs Telefon bekommen hatte.

»Bitte halte das noch zurück, ich möchte nicht, daß die junge Frau in Gefahr gerät«, fügte Jan hinzu.

Hans-Heinz versprach das, und Jan sagte zu, daß er neue Informationen sofort bekommen würde. Sie flachsten noch ein wenig miteinander, wie es ihre Art war und legten auf.

Nun hatte Jan etwas, worüber er nachdenken konnte. Die Tote im Münster. Ob es Mord war? Der bedrohliche Anruf bei Melanie Küppers ließ es vermuten. Aber wie war die Frau gestorben? Jan hatte nichts Auffälliges feststellen können.

Jan konnte am unbeschwertesten nachdenken, wenn er Hausarbeit machte. Als Junggeselle, was er vor Jahren zwangsweise durch die Trennung von seiner Frau geworden war, fiel ihm das nicht mehr schwer.

Er mußte wieder schreiben. Das war sein Beruf. Vielleicht gab die Tote im Münster das Thema vor? Dann konnte er sich sinnvoll mit dem Fall beschäftigen, konnte Informationen sammeln und daraus vielleicht ein Buch machen, vielleicht einen Bonner Kriminalroman. Und vielleicht wurde das Schreiben für ihn auch zur befreienden Therapie. Er mußte mit der Trennung von Therese fertigwerden. Auf dem Papier konnte er hoffentlich seine Gedanken ordnen - und dafür sorgen, daß sein Verstand über sein aus den Fugen geratenes Gefühl siegte. Das würde er machen, ein Buch schreiben. Fast wie ein Tagebuch. Über die Tote im Münster, über Melanie Küppers und über Therese und sich. Gleich würde er sich hinsetzen und die ersten Notizen machen. Endlich hatte er wieder Mut gefaßt. Endlich spürte er sich durch seinen Gefühlskummer nicht mehr gehemmt. Gleich würde er sich hinsetzen und die ersten Notizen machen.

Da klingelte das Telefon. Nein, Therese würde nicht mehr anrufen. Meist hatten sie morgens und abends telefoniert, wenn sie sich nicht sahen. Auch als sie bei ihrer krebskranken Mutter war. Nein, Therese würde nicht mehr anrufen.

Es meldete sich das Polizeipräsidium, irgendein Beamter, dessen Namen Jan so schnell nicht verstand. Er wurde aufgefordert, noch heute im Polizeipräsidium zu einer Vernehmung zu erscheinen. Punkt zwölf Uhr.

Der Beamte machte es dringend, Ausflüchte im Keim erstickend.

Jan sagte zu. Was blieb ihm auch anderes übrig. Bis dahin hatte er noch ein paar Stunden Zeit, die wollte er nutzen.

Er setzte seinen Personalcomputer unter Strom. Zuletzt hatte er ihn nur benutzt, um vergebliche Briefe an Therese zu schreiben, die sie vermutlich ungelesen in den Papierkorb geworfen hatte. Über eine Freundin hatte sie ihn wissen lassen, er solle sie nicht mehr belästigen. Wie können Menschen nur so gefühlskalt und roh werden, so hart und unverzeihlich? Sie hatten Zärtlichkeiten getauscht, er hatte sich im Himmel gefühlt. *Du bist mein lieber, lieber Jan. Und daß ich dich sehr lieb habe, das sollst du nicht nur glauben, das sollst Du wissen.* Und jetzt will sie nichts mehr von ihm wissen. Was hatte er nur gemacht, daß sie sich so von ihm abwendete? Die Brief an Therese hatte er gespeichert. Jetzt war er versucht, in den einen oder anderen hineinzusehen, die Datei auf den Bildschirm zu rufen. Nein, das durfte er jetzt nicht. Vielleicht, wenn er etwas für sein geplantes Buch brauchte. Schade, daß er ihre Briefe alle zurückgeschickt hatte. Vielleicht würde er sie zitieren wollen. Er mußte sich dann auf sein Gedächtnis verlassen. Es sollte ja auch ein freier Roman werden, mit ein wenig biographischem Hintergrund.

Wie sollte er das Buch nennen? Der ein wenig reißerische Titel »Mord im Münster« kam ihm in den Sinn. Er notierte ihn oben auf einer leeren Seite.

Auf der nächsten Seite legte er ein Namensverzeichnis an. Mit welchen Personen hatte er es bisher zu tun gehabt? Gut, daß er sich das schon heute notierte, später würde er vielleicht den einen oder anderen Namen vergessen haben.

Wie hieß noch die Tote im Münster? Nina Lessenich hatte

Melanie Küppers gesagt. Und das war gleich der nächste Name. Der Kaplan im Münster hieß Krombach, der Küster Rommerskirchen und der Kriminalkommissar Hartung.

Na, das war ja schon was. Zu den einzelnen Namen machte sich Jan kurze Notizen über Aussehen, Alter und irgendwelche Besonderheiten. Und er legte sich eine Seite an, der er die Überschrift »Therese« gab. Ja, so wollte er sie nennen, auch wenn sie in Wirklichkeit ganz anders hieß.

Jan lehnte sich zurück, schloß die Augen und ließ seine Gedanken wandern. Ob er noch einmal mit Therese sprechen würde? Ihr von diesem Buchplan erzählen, ihr deutlich machen, daß er sie nicht schlechtmachen wollte, daß er aber in sich Antworten auf die Fragen suchen werde, die er ihr stellen möchte.

Da wurde Jan vom Klingeln des Telefons aus seiner Nachdenklichkeit geweckt. Er war ein wenig unwillig. Wer mochte ihn schon zu dieser Zeit anrufen? Früher hatte er fast jeden Tag noch vor neun Uhr mit Therese telefoniert. Sie war es bestimmt nicht. Sie weigerte sich seit Wochen auch nur Kenntnis davon zu nehmen, daß er überhaupt existierte.

Das Telefon gab keine Ruhe.

Jan erhob sich und nahm den Hörer ab. Vielleicht schaffte er sich irgendwann einmal so ein neumodisches Ding an.

»Melanie Küppers«, meldete sich eine Frauenstimme, die Jan noch nie am Telefon gehört hatte.

Wie kam es nur, daß Jan sich freute diese Stimme zu hören?

»Verzeihen Sie, daß ich störe. Erst recht so früh am Morgen ... «, fuhr die Stimme fort.

Jan nahm das Telefon und setzte sich.

»Das macht doch nichts. Ich hab schon gefrühstückt und wollte gerade ein bißchen arbeiten.«

»Dann störe ich Sie doch ...«

»Nein, nein. Ich hatte schon gehofft, daß Sie anrufen werden. Ich habe diese Nacht, als ich lange wach lag, über unser Gespräch im *Nachrichtentreff* nachgedacht. Ich hatte auch schon vor, Sie anzurufen. Mir geht Ihre Freundin nicht aus dem Kopf. Das ist schon eine schreckliche Angelegenheit«, sagte Jan und bemühte sich um einen sachlichen Ton.

»Ich möchte Sie sprechen, wenn es geht heute noch. - Aber, ich möchte nicht lästig fallen«, sagte Melanie Küppers mit ruhiger Stimme, aus der Jan aber auch einen ernsten Unterton heraushörte.

»Ich möchte ebenfalls mit Ihnen reden. Schlagen Sie vor, wann und wo das geschehen soll«, meinte Jan.

»Vielleicht heute nachmittag, so gegen drei Uhr?«

Jan zögerte, er war schon drauf und dran, ihr von dem Termin im Polizeipräsidium zu berichten, aber dann sagte er: »Gut, das müßte klappen. Sehen wir uns um drei vor dem Beethoven-Denkmal auf dem Münsterplatz?«

»In Ordnung. Und ich störe Sie wirklich nicht?«

»Nein, wirklich nicht. Also denn, bis heute nachmittag.«

Jan legte den Hörer zurück und schaute auf die elektronische Uhr, die er neben seinem Fernsehgerät stehen hatte. Es war neun Uhr dreißig.

Der Tag fängt ja gut an, dachte er. Schon das dritte Gespräch heute morgen. Nun hatte er für den Tag Pläne, und er fühlte sich gestärkt.

Jetzt hatte er über einiges nachzudenken und nicht nur über Therese. Das Buchprojekt hatte seine kreative Phantasie geweckt. Nicht so angenehm empfand er die Aufforderung, schon wieder vor der Polizei auszusagen. Aber das würde er auch noch überstehen, jetzt, wo seine Lebensgeister und seine Tatkraft nach Wochen des Selbstmitleids und der Lethargie geweckt waren. Schließlich die Verabredung mit Melanie Küppers.

Er wußte, daß er sie bald nur noch Melanie nennen würde.

Da war er sich sicher.

Und den Kummer um Therese verspürte er eine Spur weniger.

9. Noch eine fremde Stimme

Jan schaltete seinen Computer ab und machte Hausarbeit. Das war bitter nötig, denn er hatte in den letzten Wochen nur das Allernötigste getan. Der Staub lag dick auf Regalen, auf den Büchern, den schönen Dingen, die er um sich herum haben mußte, die Glassachen, die Porzellanschalen, die Bronzefiguren und besonders auf seinen gläsernen Papiergewichten. Und der Boden mußte auch endlich mal wieder gesaugt werden. Die Fensterscheiben mußte er sich für später aufheben, dafür war heute nicht mehr genug Zeit.

Um sich ein bißchen abzulenken, machte Jan das Radio an, er liebte ernste Musik und hörte meist WDR III. Heute wurden vorwiegend Musikstücke von Mozart gesendet. Jan liebte seine Musik besonders. Aber auch Puccinis Opern. Diese Zärtlichkeit in Tönen. Mit Therese hatte er Mozart gehört. Beide auf dem in braunem Jugendstilmuster bezogenen Sofa sitzend, sich zärtlich im Arm haltend, mehr, sich umschlingend und immer wieder minutenlang küssend. Endlose Küsse, die die Zeit stillstehen ließen. Nicht an Therese denken. Heute nachmittag war er mit einer jungen attraktiven Frau verabredet. Aber er war nicht aus privaten Gründen verabredet. Es ging um eine Tragödie, es ging um ein Verbrechen. Aber so mußte er nicht schon wieder an Therese denken. An die Küsse mit ihr. Melanie Küppers heißt die Frau. Therese. Welchen Familiennamen sollte er ihr in dem Buch geben? Brauchte er überhaupt einen Familiennamen? Einen der mit ihrem wirklichen Namen eine gewisse Ähnlichkeit hatte? Nebel, Fabel, Kübel, Schwank, Schader? Nein, er brauchte keinen Familiennamen. Therese war genug. Und genug Verfremdung. Denn sie würde das Buch eines Tages lesen. Mit Gewissheit. Schrieb er es vielleicht für sie? -

Melanie Küppers. Er mußte doch gleich mal im Telefonbuch nachsehen, wo sie wohnte. Wenn sie im Telefonbuch eingetragen war. Mit ihrem vollen Namen. Therese war auch nur mit einem T. und dann den Familienname eingetragen. Die Damen mit abgekürzten Namen wollen nicht von Anrufern belästigt werden. Oder stehen überhaupt nicht im Telefonbuch. Hat Therese inzwischen eine neue Nummer? Es würde nicht schwer sein, sie herauszukommen.

Er hatte sie am Telefon nicht belästigt. Fast nicht. Nur einige wenige Male hatte er sie angerufen. Und gleich wieder aufgelegt, wenn sie ihren Namen genannt hatte. Ihre Stimme. Wenn er sie doch aus seinem Ohr kratzen könnte. Ihre weiche, sanfte Stimme, die Vokale mit viel Atem, fast singend. Therese hatte eine ausgebildete Gesangstimme.

Melanie Küppers. Noch eine fremde Stimme. Noch unpersönlich. Kein Gefühl auslösend. Nicht die Schmetterlinge im Bauch auffliegen lassen.

Gleich mußte er im Telefonbuch nachsehen, wo Melanie Küppers wohnte.

Jan schaute auf die Uhr, bald mußte er aufhören. Zum Polizeipräsidium war es ein Ende. Er konnte mit der Godesberger Bahn fahren. Aber das war ein bißchen umständlich, wenn er bis zur Haltestelle Juridicum lief, konnte er genauso gut sofort zu Fuß gehen. Er mußte auch Geld sparen.

Zu Fuß ist alles mühsam, oder man braucht viel Zeit. Die hatte er in den letzten Wochen. Ja, er konnte die Zeit brauchen, um in Ruhe nachzudenken. Aber jetzt würde er nicht mehr so viel Zeit haben. Darum brauchte er wieder ein Auto. Er hatte noch ein bißchen Erspartes auf der hohen Kante. Vielleicht konnte er sich auch etwas Geld bei Hans-Heinz leihen. Der tat das gern, wenn er konnte. Und wenn er einen Verleger für sein Buchprojekt fand, konnte er um einen Vorschuß bitten. Seine Bücher waren früher immer gut gelaufen. Vielleicht hatte er auch noch Honorare zu bekommen. Er mußte da einmal rückfragen.

Ein Auto brauchte er.

Jetzt war es Zeit.

Jan machte sich ausgehfertig, zog seinen nicht mehr ganz neuen Mantel an. Machte Radio und alles Licht aus und verließ die Wohnung.

10. Nichts zu machen

Jan ging durch die Straßen der Südstadt. Als Charlotte damals noch in der Nähe des Venusberghangs wohnte, waren sie hier viel spazieren gegangen. An der Pützstraße arbeitete sie in einem Supermarkt. Ja, fleißig war sie und verstand es ordentlich Geld zu sammeln, um sich damit eine Doppelhaushälfte in Meckenheim zu bauen. Ihr materielles Denken, wie oft war es Anlaß für Auseinandersetzungen gewesen. Und ihre Unfähigkeit, auf ihn zuzugehen. Eines Nachts war es mit ihm durchgegangen, er hatte seine Hände nicht mehr zähmen können. Wenigstens war das Schlimmste nicht passiert. Er hatte dafür büßen müssen. Charlotte. Jetzt konnte er manchmal mit einer friedlichen Erinnerung an sie denken. Und die Straßen, durch die er nun lief, brachten ihm Erinnerungen. Wie oft hatte er sie von der Arbeit abgeholt.

Bis zur Dottendorfer Straße war es ein ziemliches Ende. Aber es war erst halb zwölf, er würde es schon schaffen. Wenn man nicht viel Geld hat, muß man wenigstens gut zu Fuß sein. Ganz in der Nähe der Südfriedhof. Alle paar Tage war er mit ihr hingefahren, meist auch noch im eigenen Auto. Da lag ihr Mann, hatte sich, wenn man es richtig betrachtet, zu Tode getrunken. Welche Parallele zu Therese. Auch ihr Mann ... Nein, jetzt nicht an Therese denken. Er hatte sich für den Tag vorgenommen, sich immer etwas anderes in den Sinn zu holen, wenn sie sich in sein Bewußtsein drängte. Wenigstens am Tag, ob ihm das nachts gelingen würde? Nun brachte Charlotte ihrem toten Mann fast jeden Tag Blumen. Als wenn das heute noch etwas bringen würde. Sie tat es, um ihr Gewissen zu beruhigen. Was hatte Jan ihr bei den letzten Auseinandersetzungen an den Kopf geworfen? *Daß du dir das Haus leisten kannst, verdankt du doch nur der Tatsache, daß dein Mann aus dem Leben geschieden ist, bevor du dich von ihm hast scheiden lassen können!* War es bei Therese nicht ähnlich? Nicht an Therese denken, dann lieber an Charlotte, da spürte er wenigstens nichts mehr. Die hatte er losgelassen. Er hatte ein paar Jahre mit ihr gehabt. Aber das Glück hatte er nicht bei ihr gefunden. Aber bei Therese? In den wenigen Monaten? Nach der Trennung hatte er ihr geschrieben: *Für einen Moment habe ich durch dich das Paradies gesehen!* Nicht an Therese denken.

Nun war es nicht mehr weit bis zum Polizeipräsidium. Damals wegen der Sache mit Charlotte hatten sie ihn auch dort verhört. Heute sollte es eine Zeugenbefragung sein. Die hätten auch zu ihm kommen können. Nun verlangten sie einen solchen Aufwand von ihm.

Jan meldete sich an der Zentrale, und man brachte ihn zu Kriminalkommissar Hartung. Der stand von seinem Schreibtischsessel auf, kam auf ihn zu und gab ihm die Hand. Welche Freundlichkeit, und das bei der Polizei?

Jan nahm auf einem Stuhl vor Hartungs Schreibtisch Platz.

»Gut, daß Sie gekommen sind. Wollen Sie einen Kaffee haben?« fragte der Kommissar.

Ja, einen Kaffee konnte er nun gut gebrauchen - und ein erfrischendes Bad für die Füße - der Fußweg war doch anstrengend gewesen - aber einen solchen Wunsch konnte er ja hier nicht äußern.

Jan schaute sich in dem Büro um; bis auf ein paar billiggerahmte buntfarbige Drucke von Mackegemälden war es ziemlich unpersönlich. Daß der Beamte - wahrscheinlich als Leiter einer Mordkommission - zu den höheren Chargen gehörte, konnte man aus der relativen Größe des Raumes und einer wenn auch einfachen Polstersitzgruppe entnehmen.

Eine junge Frau brachte den Kaffee, sie nickte freundlich und verschwand wieder, ohne ein Wort zu sagen.

»Eine schlimme Sache ist das mit dieser Toten im Münster«, begann der Kommissar. »Ich verrate Ihnen kein Geheimnis, wenn ich sage, daß wir noch auf der Suche nach Hinweisen sind. Darum wollen wir noch einmal mit den Zeugen reden.«

Jan nickte, es war schon besser, wenn er sich bis zu einem gewissen Grad kooperativ zeigte.

»Eigentlich bin ich ja kein Zeuge ... «, schränkte er ein, »erst, als die Frau tot war ... «

»Vielleicht fällt Ihnen doch etwas ein«, lächelte der Kommissar. »Erzählen Sie bitte noch einmal von vorne.«

Jan trank bedächtig von seinem Kaffee.

»Sie haben sich ja bestimmt über mich informiert. In Ihrem Computer ... «

Kommissar Hartung nickte und ein wenig Ernst zog auf sein Gesicht, aber er wiegelte ab: »Das mußten Sie erwarten. Aber es tut nichts zur Sache. Denke ich. Wir brauchen nicht darüber reden. Das ist abgeschlossen. wie ich sehe, haben Sie sich wieder gefangen.«

»Wenn Sie das so nennen wollen«, lächelte Jan ein wenig bitter.

»Beginnen Sie damit, wie sie das Münster gestern morgen betraten«, kam der Kommissar nun zur Sache.

Jan nickte.

»Es war ein spontaner Entschluß. Ich bin eigentlich kein Kirchgänger. Schon lange nicht mehr. In meiner Jugend habe ich zuviel Druck verspürt, hatte ein strengkatholisches Elternhaus. Ich wollte ein wenig Ruhe finden. Ich hatte gar nicht daran gedacht, daß zu diesem Zeitpunkt eine Messe abgehalten wurde. Als ich eintrat, kam mir Orgelklang entgegen, so als würde ich begrüßt. - Verzeihen Sie, meine schriftstellerische Phantasie geht mit mir durch. - Ich nahm in den hinteren Reihen auf der rechten Seite Platz. In der Mitte zwischen den Bänken ist ja ein Gang. Da steht auch diese große dunkle Bronzefigur. Ich folgte dem Gottesdienst nur unaufmerksam. Wenn ich ehrlich bin, er interessierte mich eigentlich nicht. Ich wollte nachdenken, innerlich ein wenig Ruhe finden. - Gut, ich will es Ihnen kurz erklären. Als Sie mich in der Sakristei des Münsters verhörten - o.K. - sagen wir, vernahmen, machte ich eine entsprechende Andeutung. Kurz nachdem ich wieder zu Hause war, lernte ich eine Frau kennen. Wir verstanden uns auf Anhieb sehr gut und wir mochten uns. Und bald war es Liebe. Von mir aus vielleicht mehr als von ihr aus. Es waren für mich sehr glückliche Wochen. Ich hatte nicht zu hoffen gewagt, daß es das für mich noch einmal geben würde. Und dann ging diese Beziehung innerhalb ganz kurzer Zeit auseinander. Ich bin bis heute nicht dahintergekommen, was die wirklichen Gründe waren. Es ist für Sie auch nicht wichtig. Aber weil ich mit dieser gestorbenen Liebe immer noch meinen Kummer habe, suchte ich Ruhe und Nachdenken in der Kirche. - Darum können Sie meine Überraschung verstehen, als ich einige Bänke weiter vorne eine Frau zu entdecken glaubte, die - zumindest von hinten - meiner ... meiner ... ehemaligen Bekannten, also Therese, sehr ähnlich sah.«

Jan hatte sich ein wenig aufgeregt und trank einen großen Schluck von seinem Kaffee.

Der Kommissar nickte aufmunternd.

»Gut. Ich war nicht ganz sicher. Darum wollte ich mir nach der Messe diese Frau näher ansehen. Ich wartete, bis sich die Kirche geleert hatte. Auch die Frau blieb sitzen. Ich hatte mir schon vorgenommen, ihr zu folgen, wenn auch sie aufstehen würde. Dann setzte ich mich neben sie. Nein, es war nicht Therese. Ich war enttäuscht. Wollte schon wieder weggehen, da habe ich die Frau wohl unbeabsichtigt leicht berührt. Sie sank ganz langsam zu meiner Seite, so daß ihr Kopf in meinem Schoß landete. Ein seltsames Gefühl, zuerst war ich gar nicht einmal erschreckt. Bis ich merkte, daß sich die Frau nicht mehr bewegte. Da stimmte etwas nicht! Ich richtete sie vorsichtig auf, so daß sie wieder gerade saß.«

»Halt«, sagte der Kommissar und setzte sich etwas aufrechter. »Bitte versuchen Sie sich genau zu erinnern, wer neben der Frau gesessen hatte. Während der Messe. Oder ob da Menschen gekommen und wieder gegangen sind.«

Jan setzte sich zurück. Nun war er sehr versucht, dem Kommissar von dem Gespräch mit Melanie Küppers zu berichten. Von dem seltsamen Telefonanruf, den sie erhalten hatte, aber auch von der Drohung, nur ja den Mund zu halten. Jan entschloß sich, vorerst nichts zu sagen.

»Was ist Ihnen in den Sinn gekommen? Schnell, sagen Sie es mir!« drängte der Kommissar. Sein jahrzehntelang geschultes Gespür hatte ihm verraten, daß da etwas war.

Aber Jan lehnte sich zurück und lächelte abwehrend. Er ließ sich Zeit, schließlich wollte der Kommissar etwas von ihm. Dann schüttelte er den Kopf und sagte: »Bedaure. Ich kann mich beim besten Willen nicht erinnern. Ich habe schon von mir aus andauernd, auch diese Nacht, darüber nachgedacht. Ich kann mich einfach nicht erinnern. Ganz unbestimmt weiß ich noch, daß mehrere Leute in der Bank dieser jungen Frau saßen. Aber ich weiß nichts. Ich habe nur noch gebannt auf den Hinterkopf und den Nacken und den Rücken dieser Frau gestarrt: Ist es Therese, oder ist es sie nicht. Ist sie es, oder nicht? - Tut mir leid, wenn ich Ihnen nicht weiterhelfen kann.«

Da Kommissar Hartung keine Frage nachschob, entstand eine Pause.

Dann sagte Jan: »Ich weiß ja, daß ich nicht das Recht habe, eine Gegenfrage zu stellen. Aber als Staatsbürger - und halbwegs Beteiligter - hat man auch so seine Interessen. Vielleicht will ich sogar etwas darüber schreiben. Sie wissen ja, daß ich Schriftsteller bin und den einen oder anderen Bonn-Krimi verbrochen habe.«

Der Kommissar lächelte abwehrend.

Aber Jan hakte nach: »Mich würde z.B. interessieren, woran die junge Frau gestorben ist. War es ein natürlicher Tod? Das glaube ich nicht, dann hätten sie mich nicht herbestellt.

Also wurde die Frau umgebracht. Da keine äußere Gewalteinwirkung, zumindest für mich nicht, feststellbar, tippe ich auf Gift. Vielleicht eine Giftspritze? Darum wollen Sie auch unbedingt wissen, wer neben der jungen Frau gesessen, gekniet hat. Oder Gift, das man der Frau beigebracht hatte, bevor sie die Kirche betrat? Vielleicht in einem Getränk? Also zwei Möglichkeiten. Sagen Sie mir, Herr Kommissar, welche der beiden Möglichkeiten hat die Gerichtsmedizin ermittelt? Denn das ist doch sicher, Sie haben die Leiche gestern noch der Gerichtsmedizin überstellt.«

Nun lächelte Jan den Kommissar an.

Der stand auf und grinste Jan an: »Das ist mir ja eine tolle Vernehmung! Sie kehren den Spieß um, gratuliere! Man merkt ihren kriminalistischen Instinkt. Aber Sie werden verstehen, daß ich Ihnen nichts sagen kann, nichts sagen darf. Dann steht schon morgen etwas in der Presse.«

»Das könnte ich für mich behalten«, pokerte Jan.

»Nichts zu machen!« Der Kommissar schürzte die Lippen und schüttelte den Kopf. Er setzte sich wieder hin.

»Aber wenigstens den Namen der Frau - und ihr Alter?« ließ Jan nicht locker.

Der Kommissar schüttelte trotzdem lachend den Kopf. »Keinen Namen. Aber ich kann Ihnen verraten, daß die Frau hier in Bonn geboren wurde. Sie wäre in diesen Tagen neununddreißig geworden. - Mehr bekommen Sie nicht aus mir heraus. Am besten stell ich Sie noch als Sonderermittler ein, so neugierig wie Sie sind!«

Da magst du ganz nah an der Wahrheit liegen, dachte Jan für sich, denn, wenn nicht schon vorher, dann wenigstens jetzt, hatte er entschieden, hinter diesen Mord an der jungen Frau zu kommen. Nur neununddreißig Jahre war sie geworden. Er war etliche Jahre älter.

Der Kommissar stand auf, kam um den Schreibtisch herum und gab Jan, der sich ebenfalls erhoben hatte, die Hand.

»Wenn Ihnen wirklich etwas einfallen sollte, denken Sie

darüber nach, wer neben der Frau gesessen hatte. Dann melden Sie sich bitte.

Vielleicht gebe ich Ihnen später ein paar Informationen für Ihren Krimi. Ich habe im übrigen schon mal etwas von Ihnen gelesen. Hübsche Geschichten schreiben Sie da. Kriminalmärchen.«

Jan fühlte sich ein wenig geschmeichelt. Er gab dem Kommissar die Hand und verließ den Raum. Dabei hatte er ein schlechtes Gewissen, weil er dem Kommissar nicht alles gesagt hatte. Aber er würde die Polizei erst dann informieren, wenn er sicher sein konnte, daß dieser Melanie Küppers nichts passierte.

Etwas erleichtert und besser gelaunt verließ Jan das Polizeipräsidium. Er schaute auf die Uhr. Es war fast halb zwei. Wie die Zeit vergeht. Um drei war er mit Melanie Küppers verabredet. Er hatte noch eineinhalb Stunden Zeit. Er hatte keine Lust, wieder zu Fuß nach Hause zu laufen. Darum ging er zur Haltestelle und fuhr mit der Godesberger Bahn bis zum Bahnhof. Quälte sich aus dem Bonner Loch, durchschritt die Poststraße, kam am alten Postamt vorbei und ging in das Chinarestaurant am Dreieck, um etwas zu essen.

Als er da saß und auf den Kellner wartete, stellte er überrascht fest, daß er längere Zeit nicht an Therese gedacht hatte.

11. Und sie hing sich bei ihm ein

Während des Essens dachte Jan an die Vernehmung im Polizeipräsidium. Eigentlich war dieser Kriminalkommissar Hartung ein sympathischer Mensch. Er tat auch nur seine Arbeit. Ob er nicht doch besser alles gesagt hätte, was er wußte? Nein, er mußte zuerst mit Melanie Küppers sprechen. Wer weiß, ob die Polizei diese Frau ernst nahm und schützen konnte. Vielleicht war sie wirklich in Gefahr. Gern hätte Jan mehr über die

Todesursache erfahren. Immerhin hatte der Kommissar zwei Möglichkeiten in Betracht gezogen, hatte sie nicht ausgeklammert. Vermutlich war die Frau vergiftet worden, entweder durch ein Mittel, das ihr verabreicht wurde, bevor sie in die Kirche ging, oder man hatte sie erst in der Kirche vergiftet. Vielleicht durch eine Spritze? Von jemandem, der neben ihr in der Kirche gesessen hatte? War das der Grund, warum der Kommissar so begierig darauf versessen war, von Jan einen Hinweis über die Banknachbarn zu bekommen? Und wenn er sich für diesen Fall interessiert, wenn er darüber einen Kriminalroman schreiben wollte, dann mußte er selbst näheres erfahren!

Jan trank von seinem grünen Jasmintee, den er üblicherweise beim Chinesen zu sich nahm. Er war ziemlich bitter geworden. Daß die Chinesen einem keine zweite Kanne hinstellen können, um den Tee, wenn er seinen richtigen Geschmack erreicht hatte, umzugießen. So wurden die letzten Schlucke immer bitterer. Aber vielleicht war das gar Absicht, um so den Magen nach gutem Essen zu beruhigen? Das mußte er wirklich einmal herausbekommen.

Auch mit Therese hatte er immer Tee getrunken. Auch grünen Tee. Jetzt nicht an Therese denken!

Jan schaute auf seine Armbanduhr, es war Viertel vor drei. Er winkte dem Kellner, zahlte und ging auf die Straße. Er machte noch einen kleinen Verdauungsspaziergang am Dreieck vorbei, durch die Sternstraße, am neuerdings so scheußlich gefärbten Kaufhaus Blömer vorbei, zurück durch die Acherstraße und hin zum Münsterplatz. Als höflicher Mensch sollte man zu einem Stelldichein pünktlich sein, vielleicht sogar ein paar Minuten früher erscheinen. Ein Rendezvous war es eigentlich nicht. Er war mit einer Frau aus einem ernsten Grund verabredet. Es ging um den Tod einer Freundin. Und da hatte Erotik nichts zu suchen.

Melanie Küppers war schon da, sie stand am Fuß des Beethovendenkmals und schaute in Richtung Münsterkirche, sie erwartete wohl, daß er von dieser Seite kam.

Jan trat seitlich an sie heran und sagte: »Hallo! Guten Tag!«
Sie war ein wenig überrascht, drehte sich zu ihm herum und
lächelte, als sie ihn erkannte.

»Guten Tag, Herr Merode«; sie hatte seinen Namen behalten.

Dann war ein Augenblick Stille, weil keiner so recht wußte,
wie er anfangen sollte.

Dann sagte Jan: »Gehen wir wieder ins *Nachrichtentreff?*
Oder setzen wir uns in den Hofgarten? Es ist so schönes Wetter, im Gegensatz zu gestern.«

»Keine schlechte Idee«, sagte Melanie Küppers.

So gingen sie über den Münsterplatz, vermieden einen besonderen Blick auf die Münsterkirche, kamen nach wenigen
Minuten zum Kaiserplatz, den sie rechts liegen ließen, hielten
sich halblinks und kamen zum Hofgarten. Das bessere Wetter
hatte viele Passanten, besonders aber Studenten, nach draußen
gelockt. Sogar auf die Hofgartenweise hatte sich einige junge
Leute gesetzt, und in der Mitte spielten ein paar junge Männer
improvisierten Fußball und verwendeten als Tormarkierung ihre
Taschen.

Bald fanden Jan und seine Begleiterin eine unbesetzte Bank
und nahmen Platz. Sie hatten bis hierhin nur ein paar belanglose Worte gewechselt.

Als sie eine Weile saßen, sagte Melanie Küppers: »Es ist
gut, Sie wiederzusehen.« Und damit ihre Bemerkung nicht zu
persönlich klang, schaute sie über die Wiese und tat so, als
interessiere sie sich besonders für das Fußballspiel der jungen
Männer.

Auch Jan schaute noch etwas unschlüssig umher. Auf einer
Bank nebenan saß ein junger Mann. Er hatte einen dunkelblauen Pullover und hellblaue verwaschene Jeans an. Er war
braungebrannt, sah wie ein Italiener oder wie ein Spanier aus.
Jan nahm ihn nicht mit vollem Bewußtsein wahr, eher beiläufig, aber er nahm die seltsame Haartracht des jungen Mannes
zur Kenntnis. An der Seite waren die dunklen Haare fast aus-

rasiert, daß man selbst auf die Entfernung von vielleicht zehn, zwölf Metern graue Haut sah. Aber am Oberkopf waren die Haare sehr lang, sie waren zu einem langen schwarzen Zopf gebunden, so daß man, den Mann von hinten gesehen, für eine Frau halten konnte.

Der Mann tat so, das jedenfalls kam Jan später ins Gedächtnis, als nähme er von ihnen keine Kenntnis.

Aber dann redete Jan: »Ich war heute morgen auf dem Polizeipräsidium, man hat mich wieder vernommen. Ein Kommissar Hartung, der war auch gestern im Münster. Ich habe nur das sagen können, was ich schon gestern sagte. - « Jan sah Melanie Küppers von der Seite an. »Ich habe nichts von dem geredet, was Sie mir gestern mitgeteilt haben.«

Die junge Frau nickte mit dem Kopf. Sie glaubte ihm.

Und als sie nach einer Weile noch immer nicht sagte, fragte Jan: »Haben Sie gestern noch Ihre Eltern besucht?«

Wieder nickte sie, aber dann drehte sie sich zu Jan, lächelte ihn mit einer gewissen Verzweiflung an, berührte ihn mit der Hand am Unterarm, ließ ihre Hand dort liegen und sagte: »Ja, ich war bei meinen Eltern. Manchmal ist es eine lästige Pflicht, sie sonntags zu besuchen. Sie wohnen im alten Teil vom Tannenbusch, sind um die siebzig und meinen, man müsse sich andauernd um sie kümmern. - Aber ich sollte nicht so reden. Man hat seine Eltern doch nur einmal. - Eines Tages werden sie nicht mehr da sein. - Man sagt, daß man erst erwachsen wird, wenn einen die Eltern verlassen haben. - Dann bin ich noch nicht erwachsen? - «

Nun lächelte sie Jan an, merkte, daß sie immer noch ihre Hand auf seinem Arm hatte, zog sie zurück und wurde ein bißchen rot im Gesicht. Da sie gespürt hatte, wie die Wärme in ihr Gesicht geschossen war, wendete sie sich ab und schaute wieder auf die Hofgartenwiese, wo in der Mitte der Fläche der wilde Haufen versuchte Fußball zu spielen. Kein Nachwuchs, und auch wenn es Deutsche wären, für Berti Vogts, der Fußballtrainer.

Nach einer Weile sagte dann die junge Frau: »Gestern abend spät, habe ich wieder einen Anruf bekommen. Es war bestimmt die gleiche Stimme.«

»Und was hat er gesagt?« fragte Jan, der mit einemmal hellwach war.

»Paß nur auf«, hat er gesagt, »paß nur auf. Wir beobachten dich. Sonst bist du das nächste Mal fällig! Er legte auf, bevor ich überhaupt etwas sagen konnte.«

»Eine komische, nein schlimme Angelegenheit«, sagte Jan und schüttelte den Kopf.

»Und Sie haben jetzt Angst?«

Sie zögerte: »Ich weiß nicht. Ja, das war schlimm, als ich von Ninas Tod erfuhr. Aber was hab ich damit zu tun? Wir waren einmal in der Jugend Freundinnen, das ist lange her. Ich weiß fast nichts von dem, was sie in den letzten Jahren gemacht hat. Wieso rufen mich die Leute an? Wieso könnte ich denen gefährlich werden? Warum sollten die mich sonst bedrohen?«

Wieder legte Melanie Küppers ihre Hand auf Jans Unterarm.

»Vielleicht gibt es etwas, was Sie selbst nicht erkennen. Weil alles noch so undurchsichtig ist«, sagte Jan. »Und weil Sie, und weil wir noch gar nicht wissen, was wirklich passiert ist, finden wir auch keine Antworten. Wissen Sie - «, und er lächelte sie von der Seite an, »ich bin neugierig geworden. Ich bin Schriftsteller und ich weiß, daß man Fakten braucht, wenn man eine Sache erklären will. Ich bin neugierig, - und ich möchte Ihnen helfen. - Aber vielleicht ist es besser, Sie gehen zur Polizei.«

Da schüttelte sie energisch ihren Kopf und nahm Jan bei der Hand und packte sie kräftig, als sei sie ein Mann: »Sie müssen mir versprechen, nichts der Polizei zu sagen! Helfen Sie mir! Ich vertraue Ihnen! Und mit Ihnen habe ich keine Angst vor den Leuten, - wer immer sie sind!«

Jan legte seine andere Hand auf die der jungen Frau, er lä-

chelte und nickte beruhigend und bestätigend mit dem Kopf:
»Ich habe doch schon gestern entschieden, Ihnen zu helfen.
Haben Sie das nicht gemerkt? Es wird sich alles aufklären.
Warten Sie nur ab. Sammeln wir Fakten, versuchen wir herauszubekommen, welches Leben Ihre Jugendfreundin geführt hat, dann werden wir vermutlich auch herausbekommen, warum sie sterben mußte. Ja, haben Sie Geduld!«

Und er hielt weiter ihre Hand und sie ließ es geschehen.
Dabei waren sie sich fremd, wie zwei Menschen, die nur der Zufall zusammengeführt hat.

»Dieser Mann da, auf der Bank nebenan, er schaut andauernd hier herüber«, sagte dann unvermittelt Melanie Küppers.

»Das ist mir auch schon aufgefallen«, stellte Jan fest. »Er sitzt da schon die ganze Zeit und beobachtet uns. - Vielleicht hat der ein besonderes Interesse an uns. Aber wir sollten uns nicht verrückt machen lassen. Der versteht bestimmt nicht, worüber wir uns unterhalten. Er ist vielleicht ganz harmlos.«

»Ich weiß nicht«, sagte Melanie Küppers und entzog Jan ihre Hand. »Wir sollten besser woanders hingehen.«

»Sie haben recht«, sagte Jan und stand auf. »Gehen wir noch ein bißchen, oder sollen wir eine Tasse Kaffee trinken gehen?«

Auch Melanie Küppers stand auf.

»Gehen wir an den Rhein, da können wir uns auch noch unterhalten. - Und auf eine Tasse Kaffee habe ich dann bestimmt auch noch Durst«, lächelte sie.

Sie gingen zur Konrad-Adenauer-Allee, überquerten diese, kamen zum Alten Zoll. Ohne es abzusprechen, spazierten sie nach oben auf die Plattform, grüßten Ernst-Moritz-Arndt auf seinem von Bäumen umstandenen Denkmal. Es war Herbst, und die Bäume verloren ihr Laub. Auf den beiden schwarzen Kanonen spielten Kinder. Auf der Mauer zum Rhein saß ein junges Mädchen, vor ihm stand ein junger Mann, er hielt sie mit den Armen umfaßt und sie tauschten Zärtlichkeiten. Jan gab es einen Stich ins Herz, denn er mußte an Therese denken. An die zärtliche Therese. Nicht an die harte Frau, die sie ihm zuletzt gegenüber war.

Melanie deutete fragend auf eine Bank an der Seite. Er nickte, und sie setzten sich. Die Sonne war noch einmal hervorgekommen und beschien das gegenüberliegende Rheinufer von Beuel.

»Es ist alles so unwirklich«, meinte Melanie Küppers leise, »da wird gestern eine Jugendfreundin von mir umgebracht. Und jetzt sitze ich hier mit Ihnen und schaue mir den Rhein an.«

»Trotzdem bin ich froh, mit Ihnen hier zu sein«, führte Jan den Gedanken fort. »Wissen Sie, ich hab so meinen Kummer. Im *Nachrichtentreff* habe ich etwas angedeutet. Ich will Sie damit nicht belasten. Verzeihen Sie. Aber ich bin in den letzten Wochen ziemlich deprimiert. Muß damit fertigwerden, daß eine Beziehung auseinander ging. Eine Beziehung, die mir viel bedeutete.«

Melanie Küppers sah ihn mit ruhigem aber zugleich freundlichem Gesicht an: »Und sie bedeutet Ihnen immer noch viel. Das sieht man Ihnen an.«

Er nickte und versuchte ein Lächeln, das seinen Gesichtszügen aber nur einen gequälten Ausdruck verlieh.

»Reden wir nicht drüber«, machte sich Jan Mut. Er setzte sich auf und legte seine Hand auf Melanie Küppers Arm. »Erzählen Sie doch von Ihrer Freundin, der Nina Lessenich!«

Melanie Küppers nickte. »Da kann ich gar nicht viel erzählen. Wir gingen auf die gleiche Schule. Wir verstanden uns gut, vielleicht, weil wir beide ziemlich gegensätzlich waren. Ich bin mehr der ruhige, bedächtige, nachdenkliche Typ, während Nina immer schon etwas flippig war. Sie war immer ein bißchen verrückt. Sie war noch keine dreizehn, vierzehn, da hatte sie schon ihre ersten Freunde. Enge Freunde, und sie wußte, wo es lang ging. Damals schon. Ich brauchte da ein bißchen länger. War ein bißchen wählerischer. Im Endeffekt hat es nicht viel genützt. Wir haben beide ziemlich früh geheiratet und waren beide ziemlich schnell geschieden. Wir haben eben Pech gehabt. So ist das nun einmal heute. Wahrscheinlich läßt man sich viel zu schnell scheiden. Hat keine Geduld und Kraft an einer Beziehung zu arbeiten. Danach wechselte Nina die Männer wie die Unterwäsche. - Verzeihen Sie den Vergleich. Wir hatten immer weniger Kontakt. Sie zog weg nach München. Wir schrieben uns von Zeit zu Zeit. Für sie war das Leben nur super und affengeil. Dann wurden aus den Briefen Postkarten; sie kamen immer seltener, und die Grüße wurden immer beliebiger. Vor vier, fünf Jahren kam Nina noch einmal zu einem Klassentreffen. Sie war flippig und aufgekratzt, trug Sachen wie eine Zwanzigjährige - und irgendwie nuttig. Die Haare superblond, ihr Naturhaar ist dunkelbraun, in zirbelige Strähnchen gelegt. Wir wechselten nur ein paar Worte. Aber als wir miteinander sprachen, überraschten mich ihre Augen. Sie waren irgendwie traurig, paßten nicht zu ihrem Äußeren. Ich weiß gar nicht mehr, worüber wir geredet haben. Wahrscheinlich über Männer. Das war Ninas Lieblingsthema.« .

Jan hatte aufmerksam zugehört und fragte: »Sie haben also noch überhaupt keine Ahnung, warum ihre Freundin in der Münsterkirche den Tod fand? Überhaupt keine Anhaltspunkte?«

»Nichts. Garnichts. Ich habe diese Nacht lange wachgelegen. Ich habe gegrübelt. Mir ist nichts in den Sinn gekommen.«

Jan dachte eine Weile nach, dann sagte er: »Sie sind davon ausgegangen, daß Ihre Freundin wieder in München war. Hat es Sie nicht gewundert, daß sie nun plötzlich in Bonn war, um im Münster den Tod zu finden?«

»Natürlich ist mir das auch aufgefallen, und ich habe mich gefragt, seit wann sie in Bonn ist, denn ich wußte nichts davon.«

Jan schaute Melanie Küppers ernst ins Gesicht, er wollte eine grundsätzliche Frage stellen: »Sie sind fest entschlossen, herauszubekommen, warum Ihre Freundin getötet wurde? Und Sie wollen, daß ich dabei helfe?«

»Ja«, nickte Melanie Küppers, »das will ich wirklich!«

»Gut«, stellte Jan fest. »Dann wollen wir einmal überlegen, welche Anknüpfungspunkte wir haben, vielleicht ergibt sich daraus eine Spur!« Und im Geiste machte sich Jan Notizen für seinen Roman.

»Stellen wir also fest:

Die Polizei geht von einem Kapitalverbrechen aus. Die Mordkommission ist tätig. Wahrscheinlich wurde Nina Lessenich durch Gift ermordet. Noch ist uns nicht bekannt, wie das geschah. Irgendwelche Leute wissen vom Tod Ihrer Freundin. Sie haben zweimal bei Ihnen angerufen und Sie gewarnt.

Warum haben sie ausgerechnet bei Ihnen angerufen? Es muß doch einen Grund haben.

Ihre Freundin ist nach Bonn gekommen. Sie wußten nichts davon. Wer hat es gewußt? Zumindest die Leute, die bei Ihnen angerufen haben.

Vielleicht hat der Tod Ihrer Freundin etwas mit den Leben zu tun, das sie in München geführt hat.

Sie sehen, da sind schon ein paar Fragen, denen wir nachgehen können.«

Jan setzte sich zurück, er hatte sich ein wenig ereifert, und schaute über die Fläche des Alten Zolls. Also doch, dachte er, als er auf einer weiter entfernten Bank den jungen Mann sitzen sah, der sie im Hofgarten beobachtet hatte. Jan rückte etwas näher an Melanie Küppers heran, so daß er ein plötzliches Flackern in ihren Augen sah. Und er sagte leise: »Dieser Kerl, der uns im Hofgarten beobachtet hat, sitzt da drüben auf einer Bank. Schauen Sie jetzt nicht plötzlich hin. Der Kerl soll meinen, wir hätten ihn nicht gesehen. - Das ist schon komisch. Vielleicht hat der was mit der Sache zu tun. Wir werden es herausbekommen! - Warten Sie hier. Ich bin gleich zurück!«

Jan stand auf, legte seine Hand beruhigend auf ihre Schulter und ging zu der Bank hinüber, auf der der junge Mann saß, der nun, als Jan herantrat, gelangweilt zur Seite sah.

Jan setze sich neben ihn. Er blickte dem jungen Mann mit

der seltsamen Haartracht mitten ins Gesicht und sagte: »Schön, daß Sie sich für uns interessieren. Wenn Sie etwas von uns wollen, dann rufen Sie mich an. Meine Nummer ist 48 21 92. Merken Sie sich das. Und jetzt bleiben Sie schön hier sitzen, während wir beide fortgehen!«

Der junge Mann grinste kurz und sah durch Jan hindurch. Dann stand er auf und ging weg, ohne noch einen Blick zurückzuwerfen.

Jan kehrte zu Melanie Küppers zurück und setzte sich neben sie.

»Den sind wir los«, sagte Jan, verriet aber nicht, welchen Köder er ausgeworfen hatte. Es war vielleicht etwas leichtsinnig, aber es mußte etwas geschehen.

»Wir müssen aufpassen. Ich mache mir Sorgen - und ich möchte Sie nicht hineinziehen«, sagte die junge Frau ernst.

»Sie glauben doch nicht, daß ich Sie jetzt im Stich lasse! Kommen Sie, wir gehen eine Tasse Kaffee trinken - und überlegen uns, was wir unternehmen können«, sagte Jan, um ihr und sich Mut zu machen.

»Gut«, lächelte sie, »gehen wir!«

Sie standen auf und verließen das Plateau des Alten Zolls.

»Gehen wir wieder ins *Nachrichtentreff*? Auch da bekommen wir einen Kaffee und können uns ungestört unterhalten«, fragte Jan.

Sie nickte.

Und sie hakte sich bei ihm unter.

Und er ließ es wie selbstverständlich geschehen.

Einen Augenblick dachte er an Therese. Aber er schob den Gedanken an sie in das Zimmer in seinem Innern, das er für sie reserviert hatte.

12. Ich habe kein Schlafzeug

Jan lag auf seiner Schlafcouch. Er hatte kein richtiges Schlafzimmer mehr, seitdem er in diese kleine Wohnung umgezogen war. Er lag auf dem Rücken, noch hatte er das Licht nicht ausgemacht. Er mußte nachdenken, noch konnte er nicht schlafen. Er mußte an Therese denken, das tat er immer, bevor er einschlief. Aber er mußte auch an den Tag, den er hinter sich hatte, denken. Morgens die Vernehmung im Polizeipräsidium. Und dann der Nachmittag bis in den Abend hinein mit Melanie Küppers. Die Frau hatte sein Interesse geweckt. Zuerst war sie ihm nur aufgefallen, wegen der Toten im Münster. Das war ein Fall, der auch sein berufliches Interesse weckte. Vielleicht fand er hier einen Stoff, um wieder mal ein Buch zu schreiben. Aber auch diese Melanie. Er begann, nur noch ihren Vornamen zu denken. Sie ist eine attraktive Frau, sie hat die Figur, die er an Frauen mag: ein bißchen rund, ein bißchen weich, aber gepflegt, mit dem gewissen Etwas, das all seine Sinne anspricht. Wenn er an eine Frau dachte, mußte er sie fühlen und riechen. Melanie war ein paar Jahre jünger als Therese.

Sie hatten sich im *Nachrichtentreff* noch lange unterhalten. Über ihre tote Freundin, aber auch über ganz andere Dinge. Zum erstenmal hatte sie ein bißchen von sich erzählt. Daß sie für ein paar Jahre verheiratet war. Zuerst ging es gut, Thomas, ihr Mann, war im Vertrieb einer größeren Firma beschäftigt und aus Berufsgründen oft unterwegs. Manchmal mehrere Tage. Irgendwann merkte sie, daß er es mit der Treue nicht so ernst nahm. Sie stellte ihn zur Rede, er stritt es ab. Eines Tages hatte sie genug. Ließ sich scheiden. Dann hatte sie die eine oder andere Beziehung, es ging alles wieder in die Brüche.

Wie das nun mal so ist. Auch sie hatte ihre Narben. Wie Jan.

Und sie sprachen über Nina, ihre Freundin. Ja, die hatte es mit den Männern. War nur ein halbes Jahr verheiratet. Ein ziemlich reiches Ekel, aber er hatte finanziell für sie gesorgt. Damals hatte Nina ihr noch lange Briefe geschrieben. Ach, die Männer sind doch alles Schweine, hatte sie auf einer der letzten Postkarten geschrieben. Es war schon eine Zeitlang her.

Und hier in Bonn, hatte da Ihre Freundin auch Bekanntschaften? hatte Jan gefragt. Sie hatte nur mit den Schultern gezuckt.

Mit wem mag Ihre Freundin denn hier in Bonn Kontakt gehabt haben? Sie muß doch irgendwo gewohnt haben?

Melanie hatte überlegt. Soviel ich weiß, leben Ninas Eltern noch in Bonn. Damals, als wir noch Kinder waren, wohnten sie in der Adolfstraße. Vielleicht leben sie da immer noch. Wahrscheinlich hat die Polizei das schon herausbekommen. Dann hatte Melanie eine kleine Liste mit den Namen von Schulfreundinnen auf ein Blatt Papier geschrieben. Vielleicht wußte die eine oder andere etwas. Das Blatt Papier hatte Jan jetzt neben seinem Computer liegen. Morgen wollte Melanie ein paar Anrufe machen. Vielleicht ließ sich so der Faden aufgreifen.

Jan trank den letzten Schluck von seinem Rotwein und machte das Licht aus. Ein voller Tag ging zu Ende.

Er schloß die Augen und wagte es zum ersten Mal zu denken: Melanie, wirst du es schaffen, meine Trauer, die ich um Therese habe, zu lindern?

Therese. Früher hatten sie abends miteinander telefoniert, wenn sie sich nicht sehen konnten. *Gute Nacht, mein lieber, lieber Jan, mein zärtlicher, bunter Jan. Laß dich noch einmal umarmen und dir einen sanften Kuß geben!*

Jans Augen wurden feucht. Mit einer harten Bewegung legte er sich auf die Seite als könne er so seinen Kummer beiseite schieben.

Gott gib mir Schlaf.

Das Klingeln des Telefons riß Jan aus dem Schlaf. Verschreckt richtete er sich auf: Was ist denn Therese, mitten in der Nacht hast du mich doch noch nie angerufen? Jan rieb sich die Augen. Nein, das war nicht Therese. Sie würde sich nicht mehr melden. Sie war so hart geworden. Aber das Telefon gab keine Ruhe. Jan griff nach dem Hörer, denn er hatte seitdem er Therese kannte, den Apparat immer in Reichweite stehen, auch nachts.

»Merode«, meldete sich Jan immer noch schlaftrunken und mit belegter Stimme. Der Rotwein.

Es war Melanie Küppers. Ganz aufgeregt sagte sie: »Hallo, entschuldigen Sie, daß ich störe. Haben Sie schon geschlafen? Ich mußte Sie unbedingt anrufen. Hier ist was passiert. Ich war noch bei einer Freundin. Die auch Nina kannte. Aber das erzähle ich später. Als ich dann nach Hause kam. Da war meine Wohnungstür nur angelehnt. Ich bekam gleich einen Schreck. Hier sieht es wie nach einem Bombenangriff aus. Jemand hat meine Wohnung auf den Kopf gestellt. Es sieht ganz schlimm aus. Ein Wunder, daß mein Telefon noch heil ist. Und da mußte ich Sie gleich anrufen. Ich habe Angst. Verzeihen Sie. Ich habe Sie bestimmt aus dem Schlaf gerissen!«

»Das macht nichts. Bin noch nicht lange im Bett. Aber jetzt beruhigen Sie sich erst einmal. Haben Sie keine Angst. Ich werde gleich zu Ihnen kommen. Ich weiß ja, wo Sie wohnen. Sie haben mir es heute abend gesagt. Dorotheenstraße 18a. Stimmt es? Gut. Bitte, halten Sie die Tür geschlossen. Ich werde klingeln, dreimal lang, zweimal kurz. Nein, keine Widerrede. Selbstverständlich werde ich kommen.

In einer Viertelstunde bin ich bei Ihnen!«

Das ist ja ein Ding! dachte Jan. Das waren bestimmt keine zufälligen Einbrecher. An solche Zufälle glaubte er nicht. Da steckten vermutlich die Anrufer hinter. Da mußte schon eine Menge dahinter sein, wenn sie sich so ins Zeug legten. Aber bangemachen gilt nicht!

Jan zog sich schnell an, rief am Telefon ein Taxi und sagte, er würde unten auf der Straße auf den Wagen warten.

Jan stand nur wenige Minuten, da kam ein cremefarbiger Mercedes. Der Fahrer war ein leutseliger älterer Herr, der, sobald Jan neben ihm saß und das Fahrtziel sagte, einen Plausch anfangen wollte. Aber Jan mußte nachdenken, er antwortete nur einsilbig, bis es der Fahrer aufgab.

Zum ersten Mal stand Jan vor dem Haus, in dem Melanie Küppers wohnte. Ein mehrstöckiges Haus in der Dorotheenstraße, nicht weit von der Innenstadt. Vielleicht heutzutage nicht mehr Bonns erste Adresse, aber das Haus machte von draußen einen gepflegten Eindruck, soweit man das bei der Straßenbeleutung, jetzt kurz vor Mitternacht, erkennen konnte.

Jan bezahlte und der Taxifahrer verschwand mit seinem Auto.

Jan klingelte.

Dreimal lang, zweimal kurz.

Es dauerte etwas. Durch die Glasscheibe der Haustür konnte Jan sehen, daß die Flurbeleuchtung anging. Nach einer Minute hörte er von innen eine Stimme: »Sind Sie es? Herr Merode?«

»Ja, ja!« antwortete Jan ein wenig ungeduldig.

Die Tür öffnete sich.

Jan trat ein und schloß die Tür hinter sich.

»Schön, daß Sie ... « sagte Melanie Küppers mit aufgelöster Stimme, vielleicht hatte sie auch geweint, denn ihr Augen-Make-up war verschmiert. Da fiel sie ihm plötzlich um den Hals und begann zu weinen. Jan war überrascht, und so schnell konnte er nicht wahrnehmen, daß es ihm gar nicht unangenehm war, die junge Frau im Arm zu halten. Sie hatte einen dunkelroten, knöchellangen Morgenmantel aus einem flauschigen Frotteestoff an. Da ging das auf Automatik geschaltete Licht der Flurbeleuchtung aus. Und mit einem Mal flüsterten sie nur noch.

»Nein, nein, weinen Sie nicht! Es wird schon wieder gut!« tröstete er die Frau, die er im Arm hielt, hier in diesem fremden Flur, und plötzlich erinnerte er sich an die Zeit, als er Else, die damals noch nicht seine Ehefrau war, jeden Tag zu

Hause in Beuel besuchte, und bevor er nachts nach Hause ging, standen sie im dunklen Flur vor der Haustür, hatten Angst, das zur späten Stunde noch ein Hausbewohner heimkommen würde und sie bei ihrem zärtlichen, immer intimer werdenden Spiel überraschte. Und diese Melanie Küppers fühlte sich weich und warm an. Und Jan vermeinte zu ahnen, daß sie nicht viel unter diesem Morgenmantel anhatte. Jan fuhr ihr sanft über den Rücken und streichelte ihren Kopf und ging mit weitgeöffneten Fingern durch ihr Haar. Und sie legte ihren Kopf an seine Schulter und ließ es geschehen.

Da kamen von der ersten Etage Geräusche, eine Wohnungstür öffnete sich, mehrere Stimmen wurden laut, und das Flurlicht ging an.

Abrupt löste sich Melanie Küppers von Jan, lächelte verlegen und zupfte sich ihren Morgenmantel zurecht, schob die Reverse zusammen, daß man nicht ein bißchen Hals mehr sehen konnte.

»Kommen Sie«, sagte nun die junge Frau energisch und ging voraus durch den Flur des Parterre hin zur Treppe, die nach oben führte.

Nach einigen Stufen kamen ihnen zwei Männer mittleren Alters und eine junge Frau entgegen. Die Männer schauten neugierig nach Melanie Küppers. Aber schon waren sie vorbei.

Im zwei Stockwerk blieb Melanie vor einer Wohnungstür stehen, bis Jan herankam.

»Hier wohne ich«, sagte sie, öffnete die Tür und ließ Jan herein.

Melanie schloß die Tür hinter sich und steckte den Schlüssel von innen auf das Schloß.

Jan traute seinen Augen nicht!

Überall lagen Gegenstände herum, Kleidungsstücke, die wohl an der Garderobe gehangen hatten, lagen auf dem Boden, ein zertrümmerter Spiegel lag an einer Ecke, die silbernen Scherben auf dem Boden verstreut.

»Passen Sie nur auf, daß Sie sich nicht in die Füße schneiden«, sagte Jan, er hatte Schuhe an, aber sie trug nur Pantoffel.

»Schauen Sie sich nur diese Katastrophe an!«, sagte Melanie, »in meiner kleinen Küche geht es ja noch, aber die anderen Räume! Ich brauche bestimmt eine Woche, um das wieder aufzuräumen, geschweige denn die Renovierungsarbeiten, die bestimmt notwendig sind.«

Jan warf einen Blick in ein großes Wohnzimmer. Es war ein Tohuwabohu. Polstermöbel waren umgeworfen. Schubladen aus einem niedrigen Schrank herausgezogen, der Inhalt auf dem Boden verstreut. Bilder von den Wänden gerissen, die Tapete stellenweise zerfetzt. Und in dem kleinen Schlafraum sah es nicht viel anders aus. Die Bezüge des französischen Bettes waren heruntergerissen, zerrissen. Die große durchgehende Matratze war aufgeschlitzt, wollene und federne Innereien quollen hervor.

Jan schüttelte ununterbrochen den Kopf. Ihm fehlten die Worte. Melanie stand neben ihm, er wagte nicht, sie in den Arm zu nehmen, um sie zu trösten. Das da unten im Flur, das war irgendwie unwirklich gewesen. Aber schön.

So, als habe sie seine Gedanken erraten, legte sie ihre Hand auf seine Schulter und sagte leise mit einem kleinen Lächeln: »Gut, daß Sie gekommen sind. Jetzt fühle ich mich besser. Und hier das Durcheinander, es regt mich gar nicht mehr auf. - Kommen Sie in die Küche, ich mache uns einen Kaffee.«

Jan nickte, legt kurz seine Hand auf die ihre, als sie seine Schulter wieder losließ.

Rasch räumte sie in der Küche ein wenig auf; hier war es ja nicht so schlimm. Dann goß sie Wasser in die Kaffeemaschine, legte einen Papierfilter ein und häufte Kaffeepulver hinein. Schon fing die Maschine an zu blubbern, und die heiße braune Flüssigkeit tröpfelte in die Glaskanne.

Die Küche war nicht sehr modern, ein altmodischer Küchenschrank, in bunten Farben nicht sehr fachmännisch angemalt.

An einer Seite ein Elektroherd, ein kleiner Kühlschrank, eine kleine Waschmaschine, Wasserspüle aus weißem Steingut. An der anderen Seite ein kleiner Tisch an der Wand, darüber ein Farbdruck: Pieter Breughel, Das Hochzeitsmahl. An dem Tisch zwei Stühle. Dorthin setzten sie sich.

Jan hatte abgelehnt, als sie ihm zum Kaffee noch etwas zu essen anbot. Der Kaffee war gut, und er belebte ihre Geister. Jan schaute mit Interesse diese junge Frau an, die da in einem dunkelroten Frotteemorgenmantel vor ihm saß, die Beine übereinandergeschlagen, und sie merkte nicht - oder wollte es nicht merken - , daß der Mantel auseinander gefallen war und nicht gerade wenig von ihren hübschen nackten Beinen sehen ließ. Jan bemühte sich, nicht allzu auffällig hinzustarren.

Jetzt war es schon Mitternacht, und mit einer kurzen Unterbrechung war er mit dieser Frau nun fast acht Stunden zusammen. Und es hatte ihn bisher kein bißchen gelangweilt.

Therese, kannst du das verstehen? dachte es in Jan.

»Woran denken Sie?« fragte sie, selbstverständlich hatte sie seine Augen beobachtet, und sie mußte sich zusammenreißen, daß sie nicht zeigte, daß es sie ein wenig amüsierte, aber seltsamerweise auch ein wenig froh machte.

»Ich denke an den Überfall hier. Das ist doch bestimmt kein Zufall. Wir dürfen uns nichts vormachen. Gehen wir davon aus, daß es die Kerle waren, die Ihnen zweimal am Telefon gedroht haben.«

Melanie Küppers nickte und trank von ihrem Kaffee in kleinen Schlucken, indem sie die Tasse mit beiden Händen an den Mund führte und so tat, als müsse Sie sich zugleich die Finger wärmen.

Dann schaute sie Jan unvermittelt in die Augen, und sie war selber überrascht über das, was sie nun so leichthin sagte: »Wissen Sie, Herr Merode, es geht mir auf den Wecker, daß Sie immer noch Sie zu mir sagen!«

Sie trank wieder von ihrem Kaffee und tat so, als habe sie irgendeine Belanglosigkeit von sich gegeben.

Verdammt, dachte Jan, als er zu spüren meinte, daß ihm eine Röte aufs Gesicht zog.

»Sie haben - Du hast recht!« sagte er lachend, »stoßen wir auf das Du an!« und er hielt ihr seine Tasse entgegen.

»Kommt gar nicht in Frage! So machen wir das nicht! Haben Sie denn überhaupt keinen Stil, mein Herr?«

Sie schlug den Morgenmantel über ihre Beine, stand auf, ging zum Kühlschrank und sagte beiläufig: »Als wenn ich es geahnt hätte, ich hab noch ein Piccolo kaltgestellt, hätte ich fast allein trinken müssen. Jetzt wird es dran glauben!«

Sie holte ein kleines *Mumm* hervor und aus dem Küchenschrank zwei kleine Gläser. »Entschuldigung wegen der Gläser, aber die Sektgläser sind im Wohnzimmerschrank, wenn sie noch heil sind.«

Melanie Küppers öffnete das Piccolo, goß die Gläser gleich gerecht verteilt ein. Jan war längst aufgestanden und neben sie getreten. Sie gab ihm ein Glas in die Hand.

»Dann auf unser Du!« sagte Jan.

»Dann auf unser Du!« sagte Melanie, und beide tranken, und sie sahen sich über die Gläser an.

»Und was fehlt noch?« sagte Jan.

»Und was feht noch?« sagte Melanie.

Und sie näherten sich noch mehr und hielten die Gläser beiseite und gaben sich einen kleinen freundschaftlichen Kuß.

»Nein, dafür lohnt es sich nicht, Du zu sagen«, entschied Jan.

»Nein, dafür lohnt es sich nicht, Du zu sagen«, entschied Melanie.

So stellten sie die Gläser auf den Küchenschrank und nahmen sich in den Arm und probierten noch einmal einen kleinen Begrüßungskuß, und dann wählten sie den richtigen Kopfwinkel, umfassten sich noch enger und küßten sich, wie es sich gehört. Wie es sich für zwei Menschen gehört, die plötzlich entdecken, daß sie mehr als ein gemeinsames Interesse verbindet.

Es ist schön, diese Frau im Arm zu haben und ihren Körper zu spüren und ein bißchen mit dem Feuer zu spielen. - Aber noch war Therese in ihm. Zuletzt hatte er sie so geküßt. Und er spürte, daß er sie immer noch liebte. Und sein Herz war wieder wund, und seine Augen, die er geschlossen hielt, weil er doch Melanie küßte, wurden feucht.

Als sie sich langsam wieder voneinander lösten, sagte Jan leise: »Entschuldigung - wo wir uns erst seit gestern kennen - «

»Also, mir tut es nicht leid, Jan«, lachte sie und war gleich wieder ernst: »Ich weiß nicht, was ich jetzt machen soll.«

Jan setzte sich wieder an den kleinen Küchentisch: »Komm, setz dich, überlegen wir.«

Auch Melanie setzte sich. »Soll ich noch Kaffee machen?« fragte sie.

»Nein, sonst kriege ich die ganze Nacht kein Auge zu. Aber das ist wahrscheinlich sowieso der Fall«, sagte Jan und wunderte sich, daß es ihm bei seinen Worten im Nacken kribbelte. Diese Melanie ist doch eine reizvolle Frau, dachte er.

»Mir graut es vor diesem Durcheinander hier. Eigentlich müßte ich längst dabei sein, alles aufzuräumen.«

»Das hat sicher Zeit bis morgen. Aber wir müssen über ein paar Fakten reden. Jetzt. Du hast dir das Tohuwabohu bestimmt schon genauer angeschaut. Glaubst du, daß etwas fehlt? Hat man dich bestohlen?«

Melanie schüttelte den Kopf: »Soweit ich es bis jetzt feststellen kann, fehlt nichts. Nichts von den wenigen Wertsachen, die ich habe; ein bißchen Schmuck und so. Nichts von meinem Geld, meine Schecks, mein Sparbuch. Da habe ich zuerst nachgesehen. Man hat nichts angerührt.«

»Entweder hat der Kerl - vielleicht waren es auch mehrere - dir nur einen Denkzettel verpassen wollen, oder man hat nach etwas Bestimmtem gesucht. Wir wissen noch nicht, was. Immer vorausgesetzt, es handelt sich um die gleichen Männer, die dich angerufen haben. Man hat dich warnen wollen. Und darum gleich die Frage, die du dir gewiß schon selbst gestellt hast: Mußt du, müssen wir die Polizei benachrichtigen?«

»Nein, nicht die Polizei!« fiel Melanie ihm gleich ins Wort, »ich glaube nicht, daß die mir wirklich hilft. Aber ich habe Angst, ich fühle mich bedroht. Ich habe Angst, allein in dieser Wohnung zu bleiben!« Und sie griff über den Tisch hinweg nach Jans Hand und hielt sie fest.

»Wenn du willst, bleibe ich diese Nacht hier, wenn es dir recht ist, - in allen Ehren natürlich!« und er grinste sie an und fühlte sich auf einmal ganz verrucht. Und nur ganz leise hörte er in seinem Hinterkopf den Namen Therese.

»Ja, das wünsche ich mir. Du glaubst doch nicht, daß ich Angst vor dir habe?!« lächelte sie und ließ ihre Hand auf der seinen. »Ich versuche mein Bett in Ordnung zu bringen, und Du kannst auf der Couch im Wohnzimmer schlafen, wenn man da ein bißchen Ordnung macht. Es wird bestimmt gehen.«

»Ich habe aber kein Schlafzeug - «, versuchte Jan noch einen Einwand.

»Du kannst von mir ein Nachthemd haben, und eine neue Zahnbürste habe ich auch noch!« lachte sie und tätschelte seine Hand.

»Nachthemd, das fehlt mir noch! Zur Not reicht mein Unterzeug. - Also gut, bleibe ich hier.«

»Danke«, sagte Melanie schlicht, aber man merkte ihr an, daß sie erleichtert war. Die verwüstete Wohnung hatte ihr doch einen ordentlichen Schreck eingejagt.

»Und morgen früh helfe ich dir beim Aufräumen, und dann sehen wir weiter. Vielleicht sprechen wir mit der einen oder anderen Freundin, es kann ja sein, daß die etwas von Nina wissen. Wir können auch die Eltern von Nina besuchen. Wir werden schon dahinterkommen, was wirklich mit Nina passiert ist. Wir werden helfen, daß die Kerle, die sie auf dem Gewissen haben, hinter Gitter kommen.« Jan war guten Mutes.

Die beiden redeten noch ein bißchen über dies und das. Dann

machte Melanie Jan ein provisorisches Bett auf der Couch und räumte ihr Schlafzimmer wenigstens soweit auf, daß auch sie ihr Bett richten konnte.

»Gute Nacht, Jan. Schön, daß du hierbleibst und auf mich aufpaßt«, sagte Melanie. Sie hatte ein ernstes Gesicht, aber um ihre Augen spielte ein kleines Lächeln.

Sie gaben sich noch einen leichten Gutenachtkuß, Melanie ging in ihr Schlafzimmer. »Ich laß die Türen auf - «, sagte sie noch. Er sollte wissen, daß sie ihm vertraute.

Jan saß auf der Kante der Couch und schaute sich in diesem Durcheinander um, schob ein paar Sachen mit dem Fuß beiseite, merkte sich den Weg ins Bad und löschte das Licht.

Dienstag

13. Ich moß zu minger Frau

Jan hatte eine unruhige Nacht. Nicht, daß er schlecht gelegen hätte. Melanies Couch war straff gepolstert, das war er von seiner eigenen Bettstatt gewöhnt. Es war die ungewohnte Umgebung, es waren die fremden Geräusche, die ihm nur kurze Schlafphasen erlaubten. Er war von zu Hause gewohnt, wenn er wach wurde, auf die Leuchtziffern seiner elektronischen Uhr zu sehen. Eine solche Uhr fehlte ihm hier, und seine Armbanduhr konnte er im Dunkeln nicht ablesen. Da aber die Vorhänge nicht fest zugezogen waren, konnte Jan nun wahrnehmen, daß es langsam Tag wurde. Gottlob hatte er nachts nicht rausgemußt. Aber einmal, als noch kein Lichtschein durch die Fenster drang, war Melanie aufgewesen. Vom Flur her war Licht in den Wohnraum gedrungen. Und Jan glaubte sogar gemerkt zu haben, daß Melanie kurz und vorsichtig an der halboffenen Tür nach ihm gesehen hatte. Aber er hatte sich schlafend gestellt.

Wenn er nur so vor sich hindöste, hatte er seine jetzige Situation überdacht und an Therese denken müssen. Wie immer nachts. Wie oft hatte er sich gewünscht, eine schöne Erinnerung mit ihr im Traum zu erleben. Eher mußte er an diesen schlimmen Traum denken, den schlimmen Traum, den er hatte, als er das letzte Mal bei Therese schlief.

Und jetzt lag er unvermittelt auf der Couch von Melanie, die er erst vor zwei Tagen kennengelernt hatte. Was alles in diesen zwei Tagen passiert war. Da fiel ihm in der Münsterkirche eine Tote in den Schoß. Nun lag er bei einer jungen Frau, mit der er liebevoll Brüderschaft getrunken hatte, auf der Couch. Und war von den Trümmern eines Wohnzimmers umgeben. Wer mochte nur dahinterstecken? Wer war hier eingebrochen? Welche Vandalen, welche Ganoven waren das? Was hatte Melanie mit ihnen zu tun? Hatte sie die Wahrheit gesagt? Was wußte sie wirklich von ihrer Freundin, die ihren Tod in der Kirche gefunden hatte? Jan war noch nicht so wach, klar über all diese Fragen nachzudenken.

Aber er hatte neuen Mut gefaßt und war wegen Therese nicht mehr ganz so traurig. Vielleicht konnte er mit Melanie ein wenig Abstand von ihr finden. Der Kuß mit ihr gestern abend, der war eigentlich nicht ohne! schmunzelte Jan in sich hinein.

Dann war er doch tatsächlich wieder eingeschlafen, denn eine freundliche Stimme weckte ihn: »Hallo, Herr Merode! Was sind Sie ein Faulpelz! Aufstehen, ich habe uns Kaffee gemacht!«

Jan rieb sich die Augen, er brauchte ein paar Sekunden, um sich wieder zurechtzufinden. Er setzte sich auf.

Dann grinste er Melanie an: »Ich hab gedacht, wir sind per Du, und mein Name ist Jan!«

»Sieh da, der Herr hat das nicht vergessen! Ich will dir ja nicht zu nahetreten, sonst würde ich dir einen Gutenmorgenkuß geben. In allen Ehren, wie ich annehme, daß du sagen würdest. - Also: Der Kaffee ist in der Maschine und die Brötchen sind im Backofen. Du weißt ja, wo das Bad ist. Ich gebe

Dir fünf Minuten!« lachte sie ein bißchen spöttisch und verschwand in der Küche.

Jan rappelte sich auf. Schlich ins Bad, das ihm noch so fremd war (ob er sich eines Tages hier zu Hause fühlen würde? dachte es selbständig in ihm), er wusch sich, frische Handtücher lagen auf der Kante der Badewanne, sogar ein Waschlappen. Und eine neue Zahnbürste, und die gleiche Zahnpasta, die er zu Hause benutzte. Und er blickte sich im Spiegel an, und er sagte zu sich bissig: Ich kenne dich zwar nicht, aber ich wasche dich trotzdem! Viel kaltes Wasser ins Gesicht. Er hätte sich duschen sollen. Aber soviel war ja nun wirklich nicht zwischen ihnen passiert. Was sollte dieser Gedanken? Dann fühlte sich Jan halbwegs wach. Schlich etwas weniger träge ins Wohnzimmer zurück, stolperte fast über eine Schublade, die immer noch auf dem Boden lag. Fand seine Sachen über einen Sessel gelegt und zog sich an.

Da kam aus der Küche der Ruf: »Die fünf Minuten sind herum!«

Jan ging ein wenig verlegen lächelnd in die Küche. »Guten Morgen«, sagte er mit belegter Stimme, gab Melanie die Hand, was ihm dann doch etwas zu förmlich erschien, und ergänzte diese Geste mit einem eher beiläufigen Kuß auf ihre Wange.

»Tag, Jan«, sagte sie nur, »setz dich doch.«

Der Frühstückstisch war für seine Verhältnisse reichhaltig gedeckt: schönes Porzellan (es muß ja nicht immer Zwiebelmuster von Meißen sein, giftete es in ihm), Stoffservietten, mit einem blauweißen Tuch ausgelegtes Weiden-Brotkörbchen gefüllt mit Brotscheiben, Brötchen und sogar frischen Croissants; wo mochte sie die nur so schnell aufgetrieben haben?

»Die hatte ich noch in der Tiefkühlung«, beantwortete sie seine ungestellte Frage.

In der Mitte des kleinen Tisches standen Butter, verschiedene Marmeladen, Wurst, Käse, Milch und Zucker.

Melanie holte die Glaskaffeekanne aus der Kaffeemaschine

und goß Jan und sich ein, stellte die Kanne wieder zurück und setzte sich zu ihm.

»Nun greif ordentlich zu«, munterte sie ihn auf, »schön, daß du da bist.«

Da nahm er ihre Hand, die sie ihm jedoch lächelnd entzog: »So habe ich das nicht gemeint! Muß ich Sie wieder mit Herr Merode anreden?«

»Es ist schön, hier zu sein«, sagte Jan ernst. Nahm Milch und Zucker für seinen Kaffee. Nahm ein Brötchen aus dem Korb, das Melanie ihm hinhielt, schnitt es auf, beschmierte es mit Butter und Orangenmarmelade. Wartete, bis auch Melanie sich bedient hatte, und biß herzhaft zu. Melanie, dachte er, während er ihr beim Essen zusah, es ist schön hier zu sitzen. Und nur ein ganz klein wenig erinnerte er sich daran, wie bedrückend doch das letzte gemeinsame Frühstück mit Therese gewesen war.

Nachdem sie ihr Frühstück nur mit ein paar belanglosen Bemerkungen begleitet hatten, sagte Melanie nach ihrem letzten Bissen: »Du hast bestimmt zu tun - und mußt in deine Wohnung zurück.« Das war mehr eine Frage als eine Feststellung.

Jan hatte verstanden. Eigentlich wollte sie, daß er noch blieb.

»Auf mich wartet nichts, noch nicht einmal Arbeit. Ich denke, ich werde dir ein bißchen hier beim Aufräumen helfen. Und dann sehen wir weiter. So ernst es ist. Ich mag dich gar nicht daran erinnern: Wir müssen uns um Nina, deine tote Freundin, kümmern.«

»Aber das kann ich doch nicht von dir verlangen«, sagte sie nach einem letzten Schluck aus der Kaffeetasse und schaute Jan, dabei über den Rand der Tasse blickend, an.

»Keine Widerrede«, entschied er.

Jan stand an den Türrahmen der Küche gelehnt und sah Melanie zu, wie sie die Frühstückssachen wegräumte. Ohne es groß zu wollen, merkte er sich, wo die Sachen alle hingehörten. Bei Therese hatte er das Frühstück gemacht, während sie noch im Bad war.

Therese.

Dann räumten sie so gut es ging das Tohuwabohu auf. So sehr viel konnte Jan nicht helfen, da er nicht wußte, wohin die Sachen gehörten. Aber ihr ging es doch durch seine Anwesenheit besser von der Hand. Sie unterhielten sich dabei. Jan merkte, daß sie mancherlei gemeinsame Interessen hatten. Die Liebe zu guter ernster Musik, aber auch zu Jazz. Die Freude an Literatur, am Theater und stellten überrascht fest, daß sie eine Reihe gleicher Theaterstücke in den Bonner Kammerspielen gesehen hatten. Melanie erzählte von ihrem Beruf. Sie arbeitete im Büro eines Architekten als Sekretärin und hatte gerade eine Woche Urlaub. Ursprünglich hatte sie vorgehabt, für ein paar Tage zu einer Freundin nach Hamburg zu fahren. Aber sie hatte am morgen, noch bevor Jan auf war, telefonisch abgesagt. Schließlich erzählte sie von ihren Eltern, beide Anfang siebzig, die in der Landsberger Straße im Tannenbusch wohnten und sich noch ziemlicher Gesundheit erfreuten. Geschwister hatte Melanie keine. Von ihrem geschiedenen Ehemann sprach Melanie nicht. Dafür war es wohl noch ein wenig zu früh. Und bei sich dachte Jan: Vielleicht ist das auch gar keine Freundin, da in Hamburg, sondern ein Verhältnis. Er schalt sich im Geiste für sein Mißtrauen - oder war es gar schon ein Anflug von Eifersucht? - was ihm doch noch gar nicht zustand. Wenn überhaupt.

Jan erzählte von seinen Eltern, die seit Jahren tot sind. Und daß er sich mit seiner Mutter besonders gut verstanden hatte. Da der Vater ja erst aus der Kriegsgefangenschaft gekommen war, als er schon neun Jahre alt war. Da war der Vater ein fremder Mann. Und Jan erzählte ein wenig von seiner Familie, die seit Jahren zerrissen war. Von seinen mittlerweile erwachsenen Söhnen, ein paar Worte von Else, seiner geschiedenen Frau. Wieviele Jahre waren sie inzwischen auseinander? Es war ein vergangenes, anderes Leben. Auch machte

Jan eine Andeutung, daß er mit Charlotte für Jahre eine Beziehung gehabt hatte, und daß es nicht hatte gutgehen können.Und er wagte nicht zu gestehen, was am Schluß passiert war, daß er ausgerastet war, und daß er dafür hatte büßen müssen. Auch das war ein vergangenes, anderes Leben. Und er erzählte noch viel weniger von Therese, denn er wollte sich nicht anmerken lassen, was er noch immer für sie empfand. Daß sein Herz immer noch wund war.

Aber als der Morgen fast herum war, hatten sie doch soviel Ordnung schaffen können, daß Melanie sagen konnte, es sähe fast wie früher aus.

Sie machten sich noch einmal eine Tasse Kaffee und beschlossen dann, die Eltern von Nina aufzusuchen. Ob die schon von dem Tod ihrer Tochter erfahren hatten? Ganz bestimmt. Und vielleicht stand auch schon der Tag der Beerdigung fest.

Zuvor aber bat Melanie den Hausbesitzer, der im Parterre wohnte, für ein neues Schloß an der Wohnungstür zu sorgen. Sie verriet aber nicht, daß gestern abend bei ihr eingebrochen wurde. Das würde nur unnötige Komplikationen verursachen.

Dann machten sich Melanie und Jan auf den Weg zu Ninas Eltern.

Von der Dorotheenstraße bis zur Adolfstraße war es nicht weit, zudem kannte sich Jan aus, da er als Kind hier in diesem Stadtviertel gewohnt hatte, in dem heute viele Ausländer lebten.

»Ich bin als Jugendliche das letzte Mal bei Ninas Eltern gewesen«, sagte Melanie, als sie auf die Haustürklingel mit dem Schildchen *Lessenich* daneben drückte, »wer weiß, ob die mich wiedererkennen.«

Nach einer Weile ging der Türöffner mit einem metallischen Klacken. Jan drückte die Holztür auf und ließ Melanie hinein. Sie kamen in einen düsteren, muffig riechenden Hausflur.

»Wer is do?« kam von oben eine Männerstimme.

»Ich bin es, - Melanie«, rief sie. Ob er noch ihren Namen kannte?

Von oben kam nur ein: »Wer is dat?« und eine Tür wurde zugeschlagen.

Jan und Melanie ließen sich nicht entmutigen und gingen die Treppe nach oben. »Es ist im ersten Stock«, sagte Melanie leise.

So als gehöre es sich so, hielt Jan Melanie am Ellbogen, während sie die knarrende Holztreppe hinaufstiegen.

Im ersten Stockwerk war ein kleines Treppenpodest, von dem nach links und rechts Türen abgingen. Melanie deutete auf die linke Tür.

Da es keine Klingel gab, klopfte Jan fest und bestimmt. Und als sich von innen nichts rührte, wiederholte er so lange, bis sie schlurfende Schritte hörten.

Ein alter Mann öffnete die Tür, wenn auch nur zu einem Drittel. Er trug eine schwarze Hose und einen schmuddeligen vielfach geflickten graubraunen Pullover. An den Füßen Filzschlappen.

»Wat is?« fragte er mißmutig, die Türklinke in der Hand, bereit, wieder zuzuziehen.

»Ich bin Melanie«, sagte sie, »ich bin eine alte Freundin von Nina.«

»Nina«, schaute er immer noch mißtrauisch.

Melanie wartete einen Augenblick, sie suchte die richtigen Worte und sagte dann: »Ich weiß, daß Nina tot ist. Vielleicht kann ich helfen. Erinnern Sie sich nicht an mich? Als wir noch Jugendliche waren, habe ich Nina manchmal besucht. Dürfen wir reinkommen? Wir stören nicht. Sind gleich wieder weg. Hier, das ist ein guter Freund von mir. Bitte.«

Der Alte schaute Melanie und Jan wechselnd an, dann senkte er den Kopf, drehte sich abrupt um, ließ aber die Tür auf. Sie folgten ihm. Er war geradeaus in ein Wohnzimmer gegangen. Hier hatte man das Gefühl, daß die Zeit stehengeblieben war. Alte schwarze schwere Schränke, dicke Vorhänge, voluminöse Polstermöbel, abgetretene Teppiche, die vielleicht einmal etwas wert waren. Jetzt machte alles einen billigen verwohnten Eindruck. Außerdem roch es, als sei seit Monaten nicht mehr gelüftet worden.

Der Alte wies auf ein durchgesessenes Sofa während er sich laut schneuzte, hatte er etwa ein paar Tränen zuvor weggewischt?

Steif saßen Melanie und Jan nebeneinander.

Wieder ergriff Melanie das Wort: »Ich habe Nina lange nicht gesehen. Seit sie nicht mehr hier in Bonn wohnte. Nur noch hier und da. Aber ich dachte, sie würde mich diesmal besuchen«, Melanie redete einfach nur so daher, um den alten Mann endlich zum Sprechen zu bringen.

Wieder schneuzte sich der Alte in das riesige, dunkelgraue offenbar nicht mehr ganz saubere Taschentuch.

Aber dann sagte er: »Se wor net he.« Der Mann war sehr ernst und sein mundartliches Reden paßte irgendwie nicht dazu.

»Aber Sie wissen, daß Nina tot ist?«

Der Alte nickte nur und zog wieder sein Taschentuch.

Wenn der doch nur sein Taschentuch stecken ließ, dachte Jan.

»Die Polizei war hier und hat Ihnen gesagt, was passiert ist?« fragte Melanie, weiter ebenso freundlich wie geduldig.

Der Alte nickt wieder nur.

Da kam aus einem Nebenraum eine weinerliche Stimme: »Albert - «

Der Alte stand auf.

»Ich moß zu minger Frau«, sagte er.

Er ließ die beiden einfach sitzen. Als er an der Tür war, sagte er nur noch: »Froren Se de Polizei.«

Melanie und Jan schauten sich etwas hilflos an. Dann standen sie auf und verließen leise die Wohnung.

Unten auf der Straße sagte Melanie mit Tränen in den Augen: »Der Mann tut mir leid.«

Jan nickte nur. Was konnte er schon dazu sagen?

Sie gingen den Weg zu Melanies Wohnung zurück. Melanie hatte sich bei Jan eingehakt, und zuerst waren sie eine Weile stumm.

»Aber wir haben wenigstens erfahren, daß Nina zuvor nicht bei ihren Eltern war. Vielleicht hat sie woanders gewohnt. Oder sie war am Sonntagmorgen gerade von auswärts gekommen. Wenn sie auch in der Kirche kein Gepäck bei sich hatte.«

»Der Beerdigungstermin steht noch nicht fest«, ergänzte Melanie.

»Wahrscheinlich hat die Polizei die Leiche von Nina noch nicht freigegeben«, stellte Jan fest.

Da waren sie auch schon an dem Haus angelangt, in dem Melanie wohnte. Auf dem Weg hatte Melanie beschlossen, ein paar alte Freundinnen anzurufen, um sich nach Nina zu erkundigen.

14. Hör zu, ich brauche deine Hilfe

»Geh du schon mal voraus, ich schau nur mal rasch nach der Post«, hatte Melanie gesagt, nachdem sie die Haustür geöffnet hatte.

Als Jan nun zum zweiten Mal die Treppen zu Melanies Wohnung hochstieg, hatte er gemischte Gefühle. Einerseits fühlte er sich hier noch fremd, andererseits aber auch ein wenig wie zu Hause. So, wie man sich fühlt, wenn man in einem neuen Bett geschlafen hatte.

Jan wartete an Melanies Wohnungstür, sie kam mit einem kleinen Packen Post hinter ihm her. In der Halbdämmerung des Treppenhauses blätterte sie darin.

»Hier, mach schon mal auf«, sagte sie zu Jan und gab ihm den Schlüsselbund mit dem passenden Schlüssel zwischen zwei Fingern.

Sie gingen in die Küche.

Melanie legte die Post - zwei, drei Umschläge, eine Postkarte mit buntem Foto, Prospekte - auf den kleinen Küchentisch.

»Setz dich doch«, forderte sie Jan auf, »willst du einen Kaffee?«

»Nein, danke. Vielleicht ein Mineralwasser.«

»Kommt sofort, mein Herr!«

Sie holte zwei Gläser aus dem Küchenschrank, das Mineralwasser aus dem Kühlschrank und setzte sich zu Jan. Sie goß die Gläser ein.

Nachdem sie getrunken hatten, schaute sich Melanie mehr beiläufig die Post an.

»Was ist das denn?« fragte sie, als sie einen Briefumschlag in der Hand hielt, der etwas ungewöhnlich aussah. Es war ein gebrauchter Umschlag, die Adresse durchgestrichen, und darüber war die Anschrift von Melanie geschrieben. Das Kuvert nur notdürftig mit ein, zwei Klebebandstreifen zugeklebt. Melanie wog den Umschlag in der Hand, da war etwas Metallisches, was hin und herrutschte, drin.

Melanie schaute Jan fragend an. Dann riß sie den Umschlag an einer Schmalseite auf, sie schüttelte, und der Inhalt rutschte auf den Tisch. Es war ein Schlüssel. Sonst war nichts weiter in dem Kuvert.

»Ein Schlüssel«, sagte Melanie völlig überflüssig.

»Zeig mal her«, sagte Jan und nahm ihn in die Hand, drehte und wendete ihn. »Da ist eine Zahl eingeprägt: 87«, und er wies mit einem Finger darauf.

»Ein Schließfachschlüssel?«

»Wahrscheinlich«, stellte Jan fest und biß sich auf die Lippen.

»Du denkst an das gleiche wie ich?« fragte Melanie.

»Ja, der könnte von deiner Freundin Nina sein«, vermutete Jan.

»Und was machen wir jetzt?« wollte Melanie wissen.

»Du wolltest ursprünglich ein paar Freundinnen anrufen. Aber das machst du besser abends, vielleicht ist die eine oder andere berufstätig. Und hier dem Schlüssel müssen wir auf den Grund gehen. Schau dir doch noch einmal den Umschlag an.

Kannst du etwas mit den Namen von Absender und Empfänger anfangen?«

Melanie nahm das Kuvert wieder in die Hand und wendete ihn hin und her: »Hier die Adresse: Das ist doch die Anschrift von Nina in München! Ich erinnere mich. Aber es ist nicht ihr Name, da steht Peter F. Fuhrmann. Wer ist das? Den Namen hat Nina nie genannt. Und der Absender auf der Rückseite. Nur drei Buchstaben, durch Punkte getrennt, wie bei dieser Partei da, wie hieß die doch noch?: X.Y.Z. - Seltsam, als wenn jemand seinen wirklichen Namen geheimhalten wollte. Oder der Empfänger, dieser Peter F. Fuhrmann kannte ihn.«

»Den Poststempel?« wollte Jan wissen.

Sie beugten sich beide über das Kuvert.

»Briefzentrum 53, Datum vom Anfang des Monats. Der Brief wurde etwa vor drei Wochen aufgegeben. Vielleicht hier in Bonn«, stellte Jan fest. »Das ist alles noch reichlich undurchsichtig. Aber vielleicht hilft uns das alles weiter, den Tod von Nina aufzuklären. - «

»Wenn das ein Schließfachschlüssel ist, dann paßt der womöglich zu einem Fach im Bonner Hauptbahnhof«, stellte Melanie fest.

»Klug kombiniert!«, lächete Jan.

»Also dann los! Ich denke, wir gehen zum Bahnhof und schauen uns das Schließfach an«, stand Melanie auf.

»Komm, setz dich lieber noch einmal«, bat Jan. »Laß uns nachdenken. Sammeln wir die Fakten. Nina ist nach Bonn gekommen. Sie war nicht bei ihren Eltern. War sie bei einer Freundin? Nehmen wir doch einmal an, daß Nina erst am Sonntagmorgen nach Bonn gekommen ist. Sie hat irgendetwas geahnt, vielleicht hat sie sich sogar bedroht gefühlt. Sie legt etwas in ein Schließfach im Bahnhof. Tut den Schlüssel in einen alten Umschlag, schreibt hastig deinen Namen drauf und wirf ihn in den nächsten Briefkasten. Dann geht sie ins Münster. Dort wird sie ermordet. Du erhältst zwei Anrufe mit Drohungen, und dann wird gestern abend deine Wohnung verwü-

stet. Ich denke das reicht, um uns ernsthafte Gedanken zu machen.«

»Du hast recht«, sagte Melanie etwas bedrückt und nahm
Jans Hand.

Er erläuterte ihr, wie er sich das weitere Vorgehen vorstell-
te. Als er fertig war, sagte sie: »Gut. Du hast recht. So wollen
wir es machen.«

Sie zogen ihre Mäntel an und steckten den Schließfachschlüssel ein. Verschlossen die Wohnungstür sorgfältig und verließen das Haus. Ihr Weg führte in die Innenstadt, das war ja von
der Dorotheenstraße aus nicht weit. Sie vermieden es, nach
hinten zu schauen, wenn sie jemand verfolgte, dann sollte der
meinen, sie seien völlig ahnungslos. Sie schlenderten über den
Friedensplatz. Die meisten hatten vergessen, daß der auch einmal Adolf-Hitler-Platz geheißen hatte. Inzwischen war es Mit-
tagszeit und sie beschlossen, in der Cafeteria im Kaufhof eine
Kleinigkeit zu essen. Jan und Melanie unterhielten sich über
gemeinsame Interessen, denn sie hatten sich vorgenommen,
bis es gleich soweit war, nicht über die tote Nina und den
Schließfachschlüssel zu sprechen. Aber sie wollten auch mehr
und mehr vom anderen wissen. Jan erzählte von seiner Ehe,
daß er nach über zwanzig Ehejahren geschieden worden war.
Anfangs hatte er es als Makel angesehen, und er hatte eine
Zeit gebraucht, wieder Selbstbewußtsein Frauen gegenüber zu
entwickeln. Er erzählte von Charlotte, wie verschieden sie doch
waren, und daß er lange nicht hatte wahrhaben wollen, daß
die Beziehung eines Tages daran scheitern würde. Er hatte an
der Beziehung festgehalten, obwohl seine Gefühle längst er-
kaltet waren, und nur noch die Gewöhnung sie zusammen-
hielt. Und er erzählte von Therese, daß sie nur wenige Monate
hatten, aber daß diese die schönsten und glücklichsten seines
Lebens waren. Noch nie war ihm ein Mensch so wichtig gewesen. Noch nie hatte er so geliebt. Und noch immer konnte
er nicht begreifen, was er dazu beigetragen hatte, daß es zuen-
deging. Hatten auch sie nicht wirklich zusammengepaßt? Wäh-

renddessen aßen sie, aber immer wieder schaute Melanie Jan freundlich, aber auch ernst an. Was war das nur für ein Mann, der sein Herz ausschüttete? Gewiss, er war ein paar Jährchen älter als sie. Doch sie mochte es, wenn die Männer etwas älter waren. Sie hatten eine Ruhe, die sie anzog. Und auf einmal wurde es ihr warm ums Herz, und sie war sehr froh, daß dieser Mann nun ihr gegenüber saß und von seinen Gefühlen sprach. Es war noch viel zu früh daran zu denken und dem Herzen freien Lauf zu lassen. Aber würde er eines Tages, wenn seine Wunden verheilt waren, auch für sie so empfinden können?

In einer Redepause, als er aß, legte sie unvermittelt ihre Hand auf seinen Arm. Und sie sagte nichts dazu.

Als sie fertig gegessen hatten, sah Jan auf seine Armbanduhr: »Jetzt ist es Zeit. Hans-Heinz wird in seinem Büro sein.«

Sie brachten ihre Tabletts mit dem leeren Geschirr ans Rückgabeband und verließen das Kaufhaus. Bis zum Stadtanzeiger waren es nur ein paar Minuten. Mit ein wenig Schaudern kamen sie am Münster vorbei.

»Gehen wir kurz hinein?« fragte Jan.

Melanie nickte.

In der Kirche waren nur wenige Menschen. Jan und Melanie setzten sich in eine der hinteren Bänke und verweilten dort für ein paar Minuten.

Dann gingen sie wieder hinaus und waren nach wenigen Schritten im Verlagshaus des Stadtanzeigers. Hans-Heinz Otten hatte sein Büro im ersten Stockwerk. Jan trat ohne zu klopfen ein. Otten saß vor einem Computer und hämmerte auf die Tasten.

»Bin gleich so weit. Setzt euch!«

Im ziemlich großen Raum stand in der einen Ecke eine Sitzgruppe mit etwas heruntergekommenen Lederpolstern. Davor ein niedriger Tisch. Fast wie in einem Wohnzimmer. Hans-Heinz war in der letzten Zeit in der Redaktionshirarchie ein paar Stufen nach oben gestolpert. Jan und Melanie zogen ihre Mäntel aus, legten sie über einen Sessel und setzten sich, schließlich gehörten sie ja nun irgendwie zusammen, auf das dunkelbraune Ledersofa.

»Das wärs«, sagte Hans-Heinz und gesellte sich zu ihnen. Jan stellte Melanie vor, und Hans-Heinz schmiß sich in einen Sessel. Da er von einer ziemlichen Körperfülle war, trug seine Sitzmethode nicht gerade zum schonenden Erhalt der Polstermöbel bei.

»Wir können gleich zur Sache kommen. Ich habe dich ja vorhin angerufen«, sagte Jan, und er zog den Schließfachschlüssel aus der Jackentasche.

»Und Sie, Frau Küppers, sind sicher, daß dieser Schlüssel etwas mit Ihrer Freundin, dieser Nina, - tut mir leid, daß sie tot ist - zu tun hat?«

»Ziemlich sicher. Es ist doch kein Zufall, daß zumindest die Anschrift von ihr in München auf dem Umschlag steht, in dem dieser Schlüssel heute bei der Post war.«

»Und ich soll jetzt zum Bahnhof gehen und in dem Schließfach nachsehen? Weil Ihr vermutet, daß Ihr beschattet werdet? Jan hat mir von diesem jungen Mann im Hofgarten und auf dem Alten Zoll erzählt«, sagte Hans-Heinz Otten.

Melanie und Jan nickten.

»Gut«, sagte Hans-Heinz, »wartet hier auf mich.« Wenn es drauf ankam, war er jemand, der zupacken konnte. Er griff nach dem Schlüssel, wälzte sich aus dem Sessel, grinste die beiden konspirativ an und verließ sein Büro.

Einen Moment war ungewohnte Stille zwischen Melanie und Jan, und sie fühlten sich seltsamerweise etwas beklommen, wohl auch, weil sie in einem fremden Büro einträchtig nebeneinander auf einem Ledersofa saßen. Jan widerstand dem Bestreben, ein wenig von Melanie abzurücken. Plötzlich nahm er ihre Knie zu Kenntnis, Melanie hatte einen ziemlich kurzen Rock an und trug schwarze Strümpfe, die ihre wohlgeformten Beine noch reizvoller wirken ließen.

Melanie hatte gemerkt, daß er auf ihre Beine sah. Sie blickte ihn an und lächelte ein wenig verschmitzt.

Gerne hätte Jan seine Hand auf ihre Knie gelegt. Und er mußte plötzlich an Therese denken. Sie mochte es, wenn er sie beim Autofahren auf den Schenkeln berührte. Und sie streichelte auch ihn.

»Du hast einen netten Freund«, sagte Melanie.

»Ja, es ist gut, einen solchen Freund zu haben. Er hat immer ein offenes Ohr und auch Verständnis für einen, wenn man mal in eine Sache hineinrutscht. - Und, ich denke, er wird uns bei der Geschichte mit Nina behilflich sein.«

Da öffnete sich die Tür, und eine junge Frau betrat das Büro mit einigen Aktendeckeln in der Hand. Sie war vielleicht Ende zwanzig, trug einen bunten Pulli und Jeans. Sie grüßte freundlich und legte die Aktendeckel auf den Schreibtisch.

»Herr Otten hat gesagt, daß er gleich zurück ist. Soll ich Ihnen vielleicht Kaffee machen?« fragte sie.

Melanie schaute Jan fragend an, und weil der den Kopf schüttelte, sagte sie: »Nein, danke. Es wird ja bestimmt nicht lange dauern.«

Die junge Frau nickte ihnen noch einmal freundlich zu und verließ daß Büro. Die Tür schloß sie leise hinter sich.

Melanie nahm beiläufig Jans Hand, spielte mit ihr.

»Hat Dir eigentlich schon einmal jemand gesagt, daß du schöne Hände hast?«

»Natürlich!« grinste er und mußte dabei an Therese denken. Sie hatte ihm einmal gesagt: Was hast du für junge Hände. Denn ihre Hände hatten ein paar Altersflecken, die noch nicht zu ihrem Alter paßten. Aber ihre Hände waren weich, waren zärtlich - und waren geschickt.

»Sie sind manchmal ganz schön eingebildet!« feixte Melanie und drückte Jans Hände zusammen, der sich über ihren festen Zugriff wunderte.

Da öffnete sich auch schon die Tür, und Hans-Heinz Otten betrat mit einem Schwung das Büro, den man seiner Wohlbeleibtheit nicht zutraute. Er hatte ein in Zeitungspapier gewikkeltes Päckchen in der Hand. Otten setzte sich wieder in seinen Sessel und legte das Päckchen, mehr ein achtlos gewikkeltes Bündel Papier, auf den Tisch: »Hier, schaut euch das einmal an!«

Melanie nahm das Päckchen und wog es in der Hand, denn es kam ihr überraschend schwer vor.

»Machen Sie es auseinander, ich habe es mir schon einmal angesehen«, sagte Otten.

Melanie wickelte das Bündel auseinander, zum Vorschein kamen zwei Metallplatten. Auf Anhieb erkannten sie, daß es Druckplatten für Geldscheine waren. Und wie mit einem Munde sagten Melanie und Jan nur ein Wort: »Falschgeld!«

Otten nickte mit dem Kopf und sagte: »Ja, da seid Ihr in was hineingeraten!«

»Sonst war in dem Schließfach nichts drin?« fragte Jan.

»Sonst nichts«, schüttelte Otten den Kopf.

»Und - hat dich jemand beobachtet?«

»Nein«, sagte Otten, »mir ist jedenfalls niemand aufgefallen. Aber, ich habe das Schließfach erneut gemietet. Vielleicht wird die Polizei nach irgendwelchen Spuren suchen wollen. Mir wird sowieso ganz mulmig, wenn ich nur daran denke: Beweisvernichtung und solche Sachen. Nicht, daß wir da Ärger bekommen.«

»Und jetzt sind auch noch meine Fingerabdrücke auf diesen Metallplatten!« meinte Melanie.

»Meine ja auch«, sagte Otten wieder fröhlich. »Das sind Druckplatten für Dollar, Zwanzig-Dollar-Noten. Wenn es euch recht ist, lasse ich nachher in meinem Beisein in unserer Druckerei einen Druckabzug von den Platten machen, wir haben noch eine alte Abzugsnudel. Keine Bange, ich kenne die Leute gut, die halten den Mund. Brauchen ja auch gar nicht mehr zu erfahren.«

»Und, was machen wir jetzt?« wollte Jan wissen.

»Keine Ahnung«, zögerte Otten und nahm eine der Platten in die Hand, um sie sich näher anzusehen. Er schaute sie auch von der Rückseite an. »Hier, drei Buchstaben: X.Y.Z. sind eingeritzt, komisch«, stellte Otten fest.

»X.Y.Z.? Das sind doch die Buchstaben auf der Rückseite des Umschlags, in dem der Schließfachschlüssel war!« rief Melanie aus, und zu Jan gewandt, sagte sie: »Du hast doch den Umschlag in der Tasche.«

Jan zog ihn hervor und gab ihn seinem Freund in die Hand.

»In diesem Kuvert war der Schlüssel? Interessant. Der Absender X.Y.Z., Absenderstempel Briefzentrum 53, Empfänger Peter F. Fuhrmann, München, Luisenstraße.«

»Dort hat Nina Lessenich gewohnt«, unterbrach Melanie.

Otten nickte mit dem Kopf: »Also gibt es eine Verbindung zwischen der Nina Lessenich und diesem Peter F. Fuhrmann und indirekt auch zu diesem ominösen X.Y.Z. Vielleicht ist es der Grafiker, der diese Platten angefertigt hat, ein Geldfälscher, der sich X.Y.Z. nennt, und der wohnt im Großraum Bonn.«

»Jetzt laß uns doch einmal spekulieren«, sagte Jan. »Nina Lessenich kommt nach Bonn. Hat die Druckplatten dabei. Wir wissen noch nicht, wie sie in ihre Hände gelangt sind. Sie hat es plötzlich mit der Angst zu tun bekommen, versteckt die Platten in einem Schließfach und schickt den Schlüssel an eine alte Freundin. Dann geht sie Sonntagmorgen ins Bonner Münster. Dort wird sie ermordet. Für mich jedenfalls steht fest, daß es da einen Zusammenhang gibt. Und daß bei Melanie eingebrochen wurde, hat bestimmt auch damit zu tun. Ich hab dir ja am Telefon davon berichtet.«

»Ja, erzählt mal von dem Einbruch«, forderte Otten auf.

Melanie ergriff das Wort: »Jan und ich hatten uns am Montag getroffen. Als ich dann nachts nach Hause kam, war die Wohnungstür aufgebrochen und meine ganze Wohnung verwüstet. Aber es wurde nichts gestohlen, nicht einmal die Schecks in der Schrankschublade fehlten.«

Es war eine Weile Ruhe, da sie alle nachdachten.

Schließlich erhob sich Otten und ging an seinen Computer, drückte ein paar Tasten und sagte dann: »Ich hab einen alten Schulkameraden in München bei einer Zeitung sitzen. Wir tauschen schon mal hier und da Informationen aus und sehen uns von Zeit zu Zeit. Wenn ihr damit einverstanden seid, werde ich den einmal auf diesen Peter F. Fuhrmann ansetzen.«

Als Jan und Melanie zustimmend nickten, griff Otten zum Telefon und drückte eine Reihe Tasten. Nach einer kurzen Weile sagte Otten: »Hallo Conny! Hier ist Hans-Heinz. Wie geht es dir? Ja, das letzte Mal gings bei mir auch noch! Wie immer der Alte. Aber lassen wir das mal, wir sind ja nicht mehr die Jüngsten. Hör zu, ich brauche deine Hilfe. Schau doch einmal, was hinter einem Peter F. Fuhrmann steckt. Luisenstraße 19. Aber halte dich vorerst bedeckt. Der Mann ist vielleicht in ein Kapitalverbrechen verstrickt. Wir können heute abend telefonieren, dann werde ich dir alles berichten. Vielleicht ist auch für dich eine fette Story drin. Aber halte vorerst den Mund. Ich bin persönlich dran interessiert, daß die Sache aufgeklärt wird. Ich werde dir alles erzählen. Also, kümmer dich erstmal um diesen Peter F. Fuhrmann. Du solltest noch wissen, daß bei ihm, zumindest in seinem Haus, eine Nina Lessenich gewohnt hat. Also, bitte Diskretion! Ja, es ist dringend. Machs gut, Alter. Wir telefonieren also heute abend.«

Otten setzte sich wieder zu Jan und Melanie.

»Also, laßt mir diese Druckplatten hier. Sie kommen nicht in falsche Hände. Das schwöre ich Euch. Ich lasse Abzüge machen. Und ich werde diese mit echten Banknoten vergleichen«, sagte Otten. Und dann stand er auf: »Ich weiß ja, daß ich für meine Unhöflichkeit bekannt bin, aber ich muß jetzt noch ein bißchen arbeiten, sonst bekomme ich Zoff mit meinem Chefredakteur. Denn die nächste Zeitung kommt bestimmt. Ich werde Euch heute Abend anrufen. Wenn ich auch Ihre Rufnummer haben kann?« wandte er sich an Melanie, die wie Jan aufgestanden war. Sie sagte die Nummer, die Otten in seinem guten Gedächtnis speicherte.

Melanie und Jan verabschiedeten sich.

»Gehen wir noch ein paar Straßen?« fragte Melanie, als sie das Gebäude verlassen hatten.

Jan nickte.

Es war ein sonniger Tag, und so spazierten sie zum Hofgarten und setzten sich auf eine Bank. Gestern noch hatten sie hier, wenn auch auf einer anderen Bank, gesessen. Was war seitdem nicht alles passiert?

Sie unterhielten sich über die Druckplatten und über die Möglichkeit, daß Nina etwas mit Geldfälschern zu tun hatte.

»Da steckt vielleicht einiges dahinter, und wir müssen aufpassen. Ich will nicht, daß dir auch noch etwas geschieht«, sagte Jan.

»Lieb von dir, daß du dir um mich Sorgen machst«, lächelte Melanie und legte ihre Hand auf seinen Arm. Jan ergriff die Hand und hielt sie fest. Aber da mußte er an Therese denken, und er ließ die Hand wieder los. Melanie tat so, als habe sie nichts gemerkt.

»Ich denke, ich werde heute abend zu meinen Eltern in den Tannenbusch gehen - und vielleicht über Nacht bleiben«, sagte Melanie nach einer Weile.

Jan gab es einen kleinen Stich, obwohl er doch gar keine Veranlassung hatte, aber das hieß ja auch, daß sie ihn nicht einlud, bei ihr zu schlafen. Und wenn es nur auf der Couch aus Sicherheitsgründen geschah. Jan sagte vorerst nichts. Er saß nun ein wenig steif neben Melanie und schalt sich, daß er an Dinge dachte, für die es noch zu früh war. Er kannte Melanie doch erst seit ein paar Tagen. Und er war sowieso niemand, der mit einer Frau holterdiepolter ins Bett hüpfte. Und er dachte auch an Therese, und wie schön es war, mit ihr die Lust des Körpers zu teilen.

Da Melanie ein einfühlsamer Mensch war, verstand sie, was in Jan vorging und sie sagte: »Es wird sich alles richten, nicht wahr? Und bei meinen Eltern bin ich bestens aufgehoben. Denen macht es Spaß, mich mal so richtig zu verhätscheln.«

Und sie zog ein kleines Notizbuch aus ihrer Handtasche, riß ein Blatt heraus und schrieb eine Telefonnummer drauf: »Hier, die Nummer meiner Eltern. Ruf mich doch heute Abend an, es kann auch noch nach zehn sein. Ich gehe nicht früh ins Bett, meine Eltern haben ein Gästezimmer, wo ich schlafe. Da kann ich auch noch spät telefonieren. Ich würde mich freuen, wenn du anrufst. Und vielleicht erfahre ich gleich etwas von deinem Freund Hans-Heinz.«

»Abgemacht«, sagte Jan und legte seinen Arm um Melanies Schulter auf die Lehne der Bank. Sie ließ es geschehen und rückte sogar noch ein bißchen näher an ihn heran, lehnte sich beinahe an seine Brust.

»Das ist schön so«, sagte Jan.

»Hmm«, schnurrte Melanie.

15. Er sah das Bild einer Dampframme

Jan und Melanie hatten sich am späten Nachmittag getrennt und lose für den nächsten Tag verabredet, je nach dem, was Hans-Heinz über seinen Freund in München von diesem Peter F. Fuhrmann erfahren würde. Noch wollten sie sich beide nicht eingestehen, daß sie sich auch aus persönlichen Gründen am nächsten Tag wiedersehen wollten. Jan hatte bei mehreren Autohändlern nach einem günstigen Gebrauchtwagen gesucht, aber nichts für das Geld, das er aufbringen konnte, gefunden. Therese fuhr einen dunkelblauen Punto, und immer wenn Jan ein solches Auto auf der Straße sah, schaute er sich danach um, und es gab ihm einen Stich ins Herz. -

Dann wollte er noch einen alten Freund aufsuchen, der aber verreist war. Seine Frau hatte ihn eingeladen, sich an einem kleinen Abendessen mit den halbwüchsigen Kindern zu beteiligen. Und da Jan seinen Kopf ein bißchen ablenken wollte, nahm er an.

Jan ging zu Fuß nach Hause. Es war schon dunkel, als er seine Haustür aufschließen wollte, die jedoch nur angelehnt war. Als er im Hausflur die Beleuchtung einschalten wollte, blieb es dunkel. Aber durch das Flurfenster drang noch ein wenig Licht herein, daß es Jan nicht weiter störte, schließlich kannte er den Weg nach oben.

Im Halbdunkel zog er seinen Wohnungsschlüssel, und erst als er so etwas wie Schritte hinter sich hörte, kam ihm eine plötzlicher Verdacht. Die offene Haustür, das Fehler der Flurbeleuchtung, die seltsame Stille im Treppenhaus. Zu spät schöpfte er Verdacht. Er hörte etwas von hinten auf sich zukommen. Er duckte sich instinktiv. Aber er reagierte zu langsam und zu unbeholfen. Etwas Schweres fiel schnell auf ihn nieder. Ein dumpfer Schmerz auf dem Hinterkopf, in dem Bruchteil einer Sekunde sah er das Bild einer Dampframme, in die er mit dem Kopf geraten war. Er spürte schon nicht mehr, wie er fiel und auf den Boden aufschlug.. -

Mittwoch

16. Und jetzt riecht er diese Frau

Sein Kopf war ihm wie ein großer Topf mit Suppe, die auf einem Schiff mit Seegang hin und her schwappte. Wellen von Schmerzen kamen und gingen und ihm war übel, wie bei einem gehörigen Kater nach durchzechter Nacht. Sein Bewußtsein schwebte an der Grenze zwischen Traum und Dösen. Er bemühte sich einen klaren Gedanken zu fassen, aber dachte nur in Halbsätzen. Er versuchte Fragen, deren Antworten in einem dunklen, wattigen Nichts verschwanden. Ganz von ferne hörte er, wenn er ein bißchen klarer war, eine Stimme. Eine süße Stimme. Rief sie seinen Namen? Dann fühlte er eine Berührung auf der Haut. Ein sanftes zärtliches Streicheln. Ja, Therese - und er war glücklich, daß er endlich diesen Namen denken konnte - bist du endlich wieder bei mir? Was ist mit mir los, daß ich eine solche Mühe habe, in mich selbst zurückzufinden? Ja, komm leg dich zu mir. Und dann wird alles wieder gut. Und er fühlte sich zufrieden, und er unterließ die Kraftanstrengung wieder im Kopf klarzuwerden. Und Jan sank zurück in einen sanften Schlaf, in den er das Gefühl der zärtlichen Berührung mitnahm. -

Vorsichtig bewegte Jan seinen Kopf, es tat nicht mehr weh. Es war nur noch das dumpfe Gefühl, wie nach dem Abklingen von Kopfschmerzen. Er versuchte die Augen zu öffnen. Die Lider waren ihm schwer wie Blei, aber endlich gelang es. Seine Sicht war verschmiert als blicke er in ein trübes Wasser, und irgendetwas anderes engte seinen Blickwinkel ein. Er sah etwas Weißes mit einem dunklen Etwas darüber über sich, und dieses Weiße mit dem dunklen Etwas bewegte sich und jetzte machte es dunkle, dumpfe, rollende Laute, als führe ein leerer Eisenbahnzug ganz langsam über einer kleine Stahlbrücke. Aber dann fuhr der Zug immer schneller, die Geräusche wurden immer schneller, und aus den Geräuschen wurden Worte und endlich verstand Jan: »Hallo, Herr Merode? Sind Sie wach? Hier ist Besuch für Sie? Machen Sie die Augen auf, wenn Sie mich verstehen!«

Mühsam wuchtete Jan seine Augenlider hoch, ihm war, als müsse er zwei Gullydeckel anheben.

Jetzt wurde aus dem weißen Etwas mit dem schwarzen Darüber ein Gesicht. Und aus dem Gesicht wurde ein freundliches Frauengesicht, das ihn anlächelte.

Warum lächelt die nur? Und was will die von mir? dachte es in Jan.

Dann redete das lächelnde Gesicht: »Guten Tag, Jan! Was machst du nur für Sachen? Komm, laß dir einen Kuß geben!«

Und das freundliche Gesicht spitzte die Lippen, beugte sich zu ihm hinunter, kam immer näher und berührte ihn. Was ist das, wenn zwei Lippen aufeinanderdrücken? Richtig! Kuß nennt man das. Der Kuß der Fee. The Kiss of Fire! Der Negerkuß. Der Judaskuß. Der Baiser.

Jetzt erkennt Jan endlich das Gesicht. Es kommt ihm nun bekannt vor. Hat er dieses Gesicht nicht in der letzten Zeit häufiger gesehen? Und er erinnert sich, daß er es mag, wenn ihn dieses Gesicht anlächelt. Und jetzt macht sie es ihm leicht.

»Erkennst du die Melanie Küppers nicht mehr?«

Melanie, ach ja, Melanie.

Jan versucht ein Wort hervorzugraben: »Angenehm«, will er sagen. Und er will sich aufsetzen. Beides gelingt ihm nicht.

»Bitte streng dich nicht an«, sagt diese Melanie.

»Hier, ich hab dir etwas Obst mitgebracht.«

Und Jan macht die Augen zu. Das Wort Obst läßt die Übelkeit wieder in ihm aufsteigen. Er bekämpf das Unwohlsein. Er kämpft. Wogegen hat er nur in der letzten Zeit gekämpft?

Endlich fragt er sich, was mit ihm passiert ist. Er möchte diese Frau fragen. Aber er hat keine Kraft, den Mund zu öffnen, und er bekommt die Gedanken und Worte in seinem Kopf nicht richtig sortiert.

Da beugt diese Frau sich wieder über ihn. Und sie berührt mit ihren Lippen seine Wange. Das ist schön. Und sie bleibt ganz lange so. Das ist schön. Und jetzt riecht er diese Frau. Wie nennt man nur das, was sich die Menschen auf die Haut tun, um einen angenehmen Geruch zu haben? Aber dieser Geruch erinnert ihn. Und zwei Worte fallen ihm ein: Just me. Und ein Name. Therese.

Und er versuchte dieses Wort auszusprechen. Es blieb nur ein Krächzen: T-H-R-S. Und noch immer spürte er die Berührung der Frau auf seiner Wange.

17. Der Pulk weißer Pinguine folgte dem Mann in den mittleren Jahren mit den grauen Schläfen und der goldenen Brille

Nichts als schlafen, dachte Jan. Ich will nichts sehen, ich will nichts fühlen. Ich will nicht da sein. Bis endlich diese graue Watte aus meinem Kopf verschwindet. Und dieser Druck nachläßt. Und ihm nicht die Übelkeit im Leib kreist.

Und er schläft.

Er schläft fast einen ganzen Tag und eine ganze Nacht.

Und als er wieder versuchte, die Augen zu öffnen, da ging das ganz leicht. Denn ein Stimmengewirr hatte ihn wachgemacht. Da standen mehrere Frauen und Männer fein säuberlich in Weiß gekleidet um sein Bett herum. Und ein Mann in mittleren Jahren mit grauen Schläfen und goldener Brille trat an das Bett heran, grinste Jan an und sagte: »Na, wie geht es uns denn, Herr Merode? Gottseidank haben Sie einen dicken Schädel.«

Jan griff nach seinem Kopf und merkte, daß dieser wohlverpackt war.

»Sie haben Glück gehabt«, sagte wieder der Mann in den mittleren Jahren, »gottlob kein Schädelbruch. Eine Gehirnerschütterung, eine Platzwunde am Hinterkopf. Wir haben sie rasieren müssen, die Wunde mußte genäht werden. Bald werden wir die Fäden ziehen. Bleiben Sie noch ein paar Tage bei uns. Und dann sind wir wieder wie neu!«

Die weiblichen Mitglieder der Gruppe und ein, zwei jüngere Männer lächelten betulich.

Der Mann in den mittleren Jahren mit grauen Schläfen und goldener Brille, der offensichlich keinen Namen benötigte, nickte mehrmals aufmunternd und jovial und schritt dann in

Richtung Krankenzimmertür. Dabei hatte Jan das erste Mal Gelegenheit, sich das Zimmer näher anzusehen.

Der Pulk weißer Pinguine folgte dem Mann in den mittleren Jahren mit grauen Schläfen und goldener Brille. Kurz vor der Tür hielt er an und sagte, sich noch einmal zurückwendend: »Ein Herr der Kriminalpolizei hat sich angekündigt. Ich denke, Sie sind so wohlauf, daß Sie mit ihm reden können.«

Dann war Jan allein in seinem Bett. Dabei war ihm eben für einen kurzen Moment Therese in den Sinn gekommen. Nein, er durfte nicht an sie denken. Sein Bett stand vor einem Fenster, ein zweites Bett in der Nähe der Tür, das aber leerstand.

Langsam begann es in Jan zu dämmern, und er machte sich Gedanken über die Ursachen seines Krankenhausaufenthaltes. Er hatte eine Kopfverletzung, und das Letzte, woran er sich erinnern konnte, war ein schlimmer Verdacht vor seiner Wohnungstür und ein sausendes Geräusch hinter sich. Endlich konnte er es sich zusammenreimen! Jemand hatte ihn niedergeschlagen, vor seiner eigenen Wohnungstür. Man hatte ihn gefunden und ins Krankenhaus gebracht. Und jetzt erinnerte er sich auch an die offene Haustür und die Dunkelheit im Treppenhaus. Das war kein Zufall gewesen. Man hatte ihm aufgelauert! Und nun dachte er auch an Nina Lessenich, die ihm im Münster tot in den Schoß gefallen war. Und er dachte an Melanie. Und er mußte lächeln. Melanie. Ja, an die erinnerte er sich gern.

Und da auch Schriftsteller Zufälle lieben, klopft es soeben an der Tür, und nach zwei Sekunden öffnet sich diese und wer kommt herein? Selbstverständlich Melanie!

18. Ich habe starke Kopfschmerzen

Melanie sah Jan aufrecht in seinem Bett sitzen, und so kam sie freudestrahlend mit ausholenden Schritten auf ihn zu, in der Hand hielt sie einen Strauß bunter Blumen.

»Schön, daß es dir wieder besser geht! Hier ein paar Blümchen für den Herrn Merode!«

Sie drückte ihm die Blumen in die Hand und einen fast schmatzenden Kuß auf die Wange.

Jan war auf einmal froh ums Herz, und er lächelte. Es war ihm, als würde ein Gewicht von seiner Brust genommen, und er konnte wieder tief und frei atmen.

»Schön, daß du mich besuchen kommst«, sagte er leise.

Melanie hatte ihm die Blumen wieder abgenommen, suchte nach einer Vase, füllt diese am Waschbecken mit Wasser und stellte sie auf das kleine Schränkchen neben dem Bett. Dann holte sie sich einen Stuhl und setzte sich ganz nahe heran.

Sie nahm Jans Hand.

»Was macht denn dein Kopf?« fragte sie.

»Eben war die Visite da«, sagte Jan, »so eine weiße Eminenz - wer weiß wie der heißt? - hat mir gesagt, daß ich einen Schlag auf den Kopf bekommen habe, daß ich eine Gehirnerschütterung hatte und eine Platzwunde, die genäht wurde. Aber ich fühle mich eigentlich wieder ganz prima - und ich möchte hier schleunigst raus.«

»Denk an deine Gesundheit, die Ärzte werden schon wissen, was für dich richtig ist«, lächelte Melanie und streichelte Jans Hand, dem das gar nicht unangenehm war.

»Und, was wirklich passiert ist, weißt du nicht?« fragte Melanie.

Jan zuckte nur die Schultern.

»Es war vorgestern abend. Erinnerst du dich? Nachmittags waren wir noch zusammen und wollten abends telefonieren. Und als du dich nicht gemeldet hast, machte ich mir Sorgen. Ich rief mir ein Taxi und fuhr zu deiner Wohnung. Als ich bei dir klingelte, machte niemand auf. Ich klingelte bei einem Nachbarn. Durch den erfuhr ich dann, daß man dich bewußtlos im Hausflur gefunden hatte. Jemand hatte den Unfallwagen gerufen, und man brachte dich ins Krankenhaus. Und so bist du jetzt hier im Petruskrankenhaus, gar nicht so weit von deiner Wohnung weg. Ich hab ein bißchen rumtelefonieren müssen, um rauszukriegen, wo du liegst.«

»Nina«, sagte Jan und schaute ernst an die Krankenzimmerdecke.

»Ja«, sagte Melanie und streichtelte Jans Wange, »jetzt hat man auch dir einen Denkzettel verpaßt.«

»Die glauben doch wohl nicht, daß ich mich unterkriegen lasse! Wenn man mich reizt, werde ich nur um so hartnäckiger. Also, liebe Melanie«, und nun tätschelte er ihre Hand, »ich werde ganz schnell aus diesem Krankenzimmer hier verschwinden. Und dann werden wir uns um diese Kerle kümmern, die deine Freundin auf dem Gewissen haben. Aber nun will ich wirklich erfahren, was Hans-Heinz in der Falschgeldsache da in München herausbekommen hat!«

»Das kann er dir gleich selber sagen, denn er wartet draußen vor der Tür. Sollen wir ihn hereinrufen?« sagte Melanie.

»Nein! Noch nicht! Zuerst möchte ich von dir in den Arm genommen werden. Ich glaube, daß ich dann viel schneller gesund werde!«

Melanie lachte, beugte sich über Jan und nahm ihn, so gut es eben ging, in den Arm. Da öffnete sich die Tür und Hans-Heinz stürmte für seine Leibesfülle mit beachtlicher Behendigkeit, ins Krankenzimmer.

»Also, ich hab wirklich keine Lust mehr zu warten! Und das, das könnt Ihr ruhig für später aufheben!« polterte er lachend.

Nachdem sie die Hände geschüttelt hatten, berichtete Hans-Heinz:

»Also ich hab schon vorgestern mit meinem Freund Conny in München telefoniert. Er hat ein bißchen herumrecherchiert. Dieser Peter F. Fuhrmann war mal mit der Nina Lessenich liiert. Da war angeblich nichts mehr, aber sie wohnte noch in seinem Haus. Einem Mehrfamilienhaus in Schwabing. Im Erdgeschoß hat dieser Fuhrmann einen kleinen Verlag und eine kleine Druckerei. Nach dem, was mein Freund hinter der Hand erfahren hat, geht es diesem Fuhrmann angeblich wirtschaftlich ziemlich dreckig. Aber trotzdem scheint er Geld zu haben. Fährt einen knallroten Porsche neuesten Baujahrs und lebt nicht auf kleinem Fuß. Vielleicht ist dieser Fuhrmann nicht ganz koscher. Vielleicht steckt er in einer Geldfälschergeschichte drin. Er hat ja eine Druckerei. Conny hat sich diese übrigens gestern unter einem Vorwand angesehen. Winkte mit einem fetten Druckauftrag. Die kleine Druckerei sah ziemlich harmlos aus, nur alte klapprige Offsetmaschinen. Aber wer weiß? Vielleicht hat der Fuhrmann noch irgendwo eine andere Druckerei. Vielleicht gibt es sogar in dem Haus noch andere Räume. Vielleicht im Keller. Das hat Conny so schnell nicht rausbekommen können. Also, wenn Ihr mich fragt, irgendwie paßt es zusammen. Dieser X.Y.Z. macht hier in Bonn die Druckplatten, Nina spielte den Kurier, und gedruckt wird in München. Irgendeine Organisation sorgt für den Vertrieb der falschen Dollar. Wer weiß, vielleicht die Mafia. Die hat doch überall ihre Hände drin. Ich kann euch so einiges über Schutzgelderpressung erzählen, auch im Bonner Raum.«

Jan blieb eine Weile still, dann sagte er: »Und was machen wir jetzt?«

»Wir können versuchen, herauszubekommen, wer dieser X.Y.Z. ist. Ich habe schon einmal auf eigene Faust in der Druckerei meiner Zeitung herumgehört. Selbstverständlich hinter der vorgehaltenen Hand. Aber niemand hat bisher was von einem X.Y.Z. gehört. Vielleicht schauen wir uns mal in der Kunstszene Bonns um. Grafik hat doch auch was mit Druckplatten zu tun. Vielleicht kennt da jemand einen X.Y.Z.« meinte Hans-Heinz.

In seine letzten Worte fiel ein Klopfen an der Tür.

Jan schaute Melanie fragend an, dann rief er »Herein.«

Herein trat Kriminalkommissar Hartung mit einer jungen Frau, an die sich Jan schwach erinnerte. Hatte er sie nicht am Sonntag in der Sakristei des Münsters gesehen?

Hans-Heinz Otten und der Kriminalkommissar begrüßten sich. Wahrscheinlich waren sie sich aus beruflichen Gründen schon mehrmals begegnet.

Dann trat der Kommisar an das Bett von Jan: »Guten Tag, Herr Merode, ich möchte Sie nicht stören. Ich möchte nur ein paar Fragen stellen. Es wird schnell gehen. Darf ich Ihnen Frau Brentano vorstellen, eine Kollegin von mir?«

Jan gab der Frau die Hand. Nun stellte auch er Melanie Küppers vor.

»Wenn wir einen Augenblick allein mit Ihnen reden können?« bat der Kommissar.

Jan nickte und schaute Melanie und Hans-Heinz kurz an. Die beiden verließen das Zimmer.

Jan war nicht nach förmlichen Höflichkeiten zumute und bot den Beamten keinen Stuhl an.

»Herr Merode«, sagte Kriminalkommissar Hartung freundlich, »ich habe von dem körperlichen Angriff auf sie erfahren. Und da ich Sie noch am Montag wegen der Tötung der Frau im Münster befragt habe, bleibt es natürlich nicht aus, daß wir da einen Zusammenhang sehen.«

Jetzt setzte sich Hartung auf den Stuhl, den zuvor Melanie benutzt hatte.

Jan schüttelte den Kopf. Er war durchaus nicht bereit, schon jetzt von dem zu berichten, was er wußte. Darum sagte er: »Nein, ich sehe da keinen Zusammenhang. Mit dieser Toten im Münster habe ich nichts zu tun, außer, daß sie mir in den Schoß gefallen ist. Das habe ich Ihnen schon mehrmals gesagt. Und, daß ich vor meiner Wohnungstür überfallen wurde, kann ich mir auch nicht erklären. Wahrscheinlich habe ich Ganoven überrascht, als sie in meine Wohnung einbrechen wollten. Und da ich besinnungslos geschlagen wurde, kann ich Ihnen leider nicht mehr berichten.«

Weil er den Kommissar mit seiner Begleiterin loswerden wollte, lehnte er sich ins Kopfkissen zurück, schloß die Augen, verhielt sich einige Sekunden still und sagte dann mit halbgeschlossenen Augen:

»Ich habe starke Kopfschmerzen, und ich bitte Sie, mich nun in Ruhe zu lassen.«

Kriminalkommissar Hartung stand auf und sagte: »Selbstverständlich. Ich verstehe das. Wenn Ihnen etwas einfällt, dann rufen Sie mich bitte an. Hier meine Telefonnummer«, und er legte eine Visitenkarte auf das kleine Schränkchen.

Jan richtete sich wieder halb auf und gab den Beamten die Hand, die das Zimmer verließen.

Kurz darauf kamen Melanie und Hans-Heinz wieder herein.

Jan erzählt ihnen, was der Kommissar wissen wollte, und daß er sich dummgestellt hatte.

Dann verabschiedete sich Hans-Heinz, aber Melanie setzte sich wieder zu Jan auf den Stuhl.

Jan nahm ihre Hand und streichelte sie.

»Ich habe nicht die ganze Zeit geschlafen. Ich habe nur so getan, um meine Ruhe zu haben«, sagte er mit schwachem Lächeln. »Ich habe eine Menge über mich nachgedacht. Über mein Leben, und ich bin nicht besonders glücklich. Ich muß da noch mit einigem fertigwerden. Das braucht ein bißchen Zeit, ich weiß nicht, wieviel. - Es ist schön, dich kennengelernt zu haben. Und ich bin gern mit dir zusammen. Aber - du muß ein wenig Geduld mit mir haben. Ich bitte dich darum. Vielleicht muß ich dir einiges erzählen. Damit du besser verstehst.«

Jan schaute an ihr vorbei, er spürte die Trauer um Therese in sich, aber er konnte nicht mit ihr darüber reden. Noch nicht.

Fast abwesend streichelte er ihre Hand.

Melanie lächelte ihn an. Sie verstand ihn besser, als er dachte. Sie hatte auch einmal für lange Zeit ein bitteres Gefühl in sich gehabt. Und es hatte wehgetan. Aber sie merkte auch, daß sie diesen Mann da in seiner körperlichen und seelischen Hilflosigkeit mochte. Daß sie ihn von Tag zu Tag mehr mochte. Und sie hatte schon längst beschlossen, viel Zeit für ihn zu haben.

Jan gab sich plötzlich einen Ruck, er mußte die Dinge wieder in die Hand nehmen, auch seine Gefühle. Er setzte sich halb auf. Und grinste Melanie nun an. Er hatte dieses Lausbubengrinsen, das ihr gefiel.

»Ich will hier raus!«, bestimmte Jan. »Ich werde keinen Tag länger hier verbringen. Ich fühle mich fit genug. Und die Fäden kann mir auch mein Hausarzt ziehen. Aber ich brauche deine Hilfe!«

Zuerst sträubte sich Melanie, die Ärzte müßten entscheiden, wann er das Krankenhaus verließ, aber dann gab sie doch nach.

Jan drückte ihr seinen Wohnungsschlüssel in die Hand, und sie versprach die verlangten Kleidungsstücke zu holen und nachmittags wiederzukommen.

Sie gab ihm noch einen schnellen Kuß auf die eine Wange, tätschelte die andere und verschwand.

19. Da kann ich mich um dich kümmern

Als eine junge Hilfsschwester Jan das Mittagessen brachte, verlangte er die Stationsschwester oder den Stationsarzt zu sprechen.

»Ja, ja. Sobald ich dazu komme«, maulte das junge Ding.

Da machte ihr Jan Beine. Er würde sich über sie beschweren. Es sei dringend.

Tatsächlich kam nach einer Viertelstunde ein Arzt, vielleicht Mitte dreißig, von Kopf bis Fuß in Weiß, an Jans Krankenbett.

Er stellte sich mit Dr. Heller vor und fragte freundlich, wie er helfen könne.

»Ich will heute hier raus«, stellte Jan in entschiedenem Ton fest.

»Sie wissen, daß es besser wäre, wenn Sie noch ein paar Tage zur Beobachtung blieben«, ließ sich Dr. Heller nicht aus der Ruhe bringen.

Jan blieb bei seiner Absicht. Der Arzt gab nach, verlangte jedoch, daß Jan einen Revers unterschrieb, daß seine Entlassung auf eigenen Wunsch erfolgen würde.

Der Arzt ermahnte Jan noch: »Wenn Ihnen nicht gut ist, dann

gehen sie gleich zum Arzt. Auch mit einer Gehirnerschütterung ist nicht zu spaßen.« Dann gab er Jan die Hand und verließ das Krankenzimmer.

Wie verabredet, erschien Melanie am Nachmittag. In einer großen Sporttasche hatte sie, wie ihr aufgetragen, ein paar Sachen zum Anziehen mitgebracht.

Jan sprang aus dem Bett, mußte sich dann doch noch einmal auf die Bettkante setzen, denn ihm war schwindelig geworden. Aber nach ein paar tiefen Atemzügen stellte er sich auf die Beine.

Als Jan begann sich anzuziehen, wollte Melanie diskret den Raum verlassen.

»Mensch, bleib nur ja hier!«, verlangte Jan forsch. »Wenn ich plötzlich umkippe, ist keiner da, der mir hilft«, fügte er grinsend hinzu.

Bald war Jan angezogen. Sie suchten seine Siebensachen zusammen, und Jan meldete sich im Stationszimmer ab.

Vor dem Krankenhaus suchten sie sich ein Taxi und als sie drin saßen, nannte Jan seine Anschrift.

»Kommt garnicht in Frage!« protestierte Melanie. »Zuerst fahren wir zu mir«, entschied sie und nannte ihre Anschrift in der Dorotheenstraße.

Dem Taxifahrer war es recht, denn bis dorthin war es weiter.

Das Taxi war nicht der rechte Ort, um über Jans Unterkommen zu diskutieren. Erst als sie vor dem Wohnhaus in der Dorotheenstraße ausgestiegen waren und das Taxi verschwunden war, sagte Jan:

»Nun hör mal, Melanie. Ich müßte nach Hause, mich ins Bett legen, mich ein bißchen ausruhen - und dann können wir meinetwegen Pläne schmieden.«

»Alles das kannst du auch bei mir! Du brauchst jemand, der sich ein bißchen um dich kümmert. Und das bin ich! Komm, stell dich nicht so an. - Kannst du allein gehen, oder soll ich dir helfen?!«

Jan ergab sich in sein Schicksal, nur widerstrebend ließ er sich helfen, als Melanie ihn am Arm packte.

»Machs dir erst einmal auf der Couch bequem«, lächelte Melanie. »Ich mach uns Kaffee, der wird dir und mir guttun.« Und sie verschwand in der Küche.

Jan war es nun doch im Kopf ziemlich mulmig, und so ließ er sich auf die Couch sinken.

Melanie kam mit Kaffee und einer Schale Gebäck. Jan setzte sich auf und machte Platz für sie.

Als sie sich gestärkt hatten, sagte Jan: »Und wie stellst du dir das vor? Ich falle dir doch nur zur Last. Gleich rufst du mir ein Taxi, und ich fahre zu mir.«

»Kommt gar nicht in Frage!« entschied Melanie. »Es ist bestimmt besser, wenn sich jemand um dich kümmert. Und - schließlich haben wir auch noch einiges zu bereden wegen Nina. - Aber, wenn du mich nicht ausstehen kannst - ?«

Eine solche Frage konnte Jan nicht auf sich sitzen lassen. Er stellte bedächtig seine Kaffeetasse auf den niedrigen Tisch vor der Couch, Melanie tat lächelnd das gleiche. Und nun nahm er sie in den Arm, lehnte sie zurück gegen das Polster und küßte sie. Zuerst nur so ein kleines Begrüßungsküßchen und dann mit Hingabe und Zärtlichkeit, wie es sich für zwei Menschen gebietet, die dabei sind ihre Gefühle füreinander zu entdekken.

Dann machte sich Melanie mit gespielter Entrüstung frei, setzte sich aufrecht und zog ihren Rock, der verdächtig hochgerutscht war, mit demonstrativer Geste in Richtung Knie, ohne daß es ihr restlos gelang: »Aber so geht das nicht! Was machen Sie mit mir, Herr Merode?«

Jan antwortete nicht, ein kleiner ernster Schatten zog über sein Gesicht, denn nun mußte er an Therese denken, an die zärtlichen selbstvergessenen Küsse mit ihr, und er war ein wenig traurig.

Hatte Melanie es nicht bemerkt? Sie tat jedenfalls so, griff nach ihrer Kaffeetasse, trank aus und fragte: »Es ist noch Kaffee da, soll ich dir welchen holen?«

Jan schüttelte den Kopf: »Besser nicht, soviel Kaffee ist vielleicht nicht gut für mein Oberstübchen.«

Melanie lächelte, setzte sich zurück und zog Jans Arm über ihre Schulter.

»Also, paß auf«, sagte sie. »Du hast doch schon einmal hier geschlafen. Es macht mir nichts, wenn du ein paar Tage bleibst. Ich hab doch noch Urlaub, und da kann ich mich um dich kümmern. - Und, keine Bange, ich werde dir nicht zu nahe treten!« Sie lachte burschikos.

Jan nickte nur und lächelte schwach.

Dann suchten sie ein neutrales Thema und unterhielten sich über den Mord an Nina, über die Dollardruckplatten, und daß wahrscheinlich Falschgeld im Spiel war.

Freitag

20. Dat Bild is von der Nina

Melanie wollte Jan ihr Bett abtreten, was er ablehnte. So machte sie ihm wieder die Couch schlaffertig und ließ ihn diskret allein. Es war noch ziemlich früh am Abend, aber Jan hatte die Kopfverletzung doch wohl mehr mitgenommen, als er es hatte wahrhaben wollen. Sie hatten, einträchtig nebeneinander sitzend, noch ein wenig ferngesehen, aber es hatte keinen besonderen Spaß gemacht. Jan hatte von Melanie noch einen liebevollen Gutenachtkuß bekommen, der nicht von schlechten Eltern war.

Er hatte nicht lange wachgelegen. Erst am Morgen gegen sechs taumelte er aus dem Schlaf, döste vor sich hin und konnte nicht verhindern, daß er an Therese denken mußte.

Gegen acht begann es bei Melanie zu rumoren. Sie benutzte das Bad und begann dann in der Küche zu hantieren. Bald kam sie zu Jan herein. Sie war bereits in einen ockerfarbenen Pullover und hellblaue Jeans gekleidet.

»Guten Morgen, Jan. Wie geht es dir?« sagte sie und küßte ihn leicht auf die Wange. Da zog er sie zu sich herunter, um ihr einen ordentlichen Kuß zu geben.

Melanie machte sich lachend frei und sagte: »Gefrühstückt wird erst gleich! Es ist alles angerichtet. Wenn also der Herr will?!«

Jan setzte sich auf und zog gleich die Decke über seine nackten, haarigen Beine. Selbstverständlich hatte Melanie sie zur Kenntnis genommen. Sie grinste, machte sich auf, aus dem Zimmer zu gehen und sagte: »Du weißt ja, wo das Bad ist. Anziehen kannst du dich auch noch nach dem Frühstück!«

Nachdem sie ausgiebig gefrühstückt hatten, und Jan sich vollständig angezogen hatte, machten sie Pläne für den Tag.

»Wir haben noch keinen Anhaltspunkt, wer dieser X.Y.Z. ist. Der wahrscheinlich die Druckplatten angefertigt hat. Es muß ja einen Zusammenhang mit Nina geben. Ob wir nicht doch die Polizei informieren sollten?« war Jan sich unschlüssig.

»Gut«, meinte Melanie, »wenn wir heute nicht weiterkommen, dann gehen wir zur Polizei. Aber vorher müssen wir dann noch mit deinem Freund Hans-Heinz reden.«

Nach einigen Überlegungen beschlossen sie, noch einmal die Eltern von Nina aufzusuchen. Das hatte auch den Vorteil, weil es nicht weit zu ihnen war, denn sie wohnten ja in der Adolfstraße.

Ninas Vater machte keinen sonderlich erfreuten Eindruck, als Melanie und Jan erneut vor ihm standen.

»Wir müssen noch einmal mit ihnen reden«, bat Melanie, »Sie wissen ja bestimmt, daß Nina einem Verbrechen zum Opfer fiel. Wollen sie nicht, daß der oder die Täter gefaßt werden?«

»De Polizei wor add he. Wat jeht Sie dat denn ahn?« blieb der Alte mürrisch.

Da kaum aus einem Zimmer eine alte Frau hinzu, die einen altertümlichen, geblümten, verwaschenen Flanellmorgenmantel trug. »Ach Sie sin et, Melanie«, sagte sie mit einem winzigen Lächeln.

Melanie begrüßte die alte Frau: »Wir haben uns lange nicht mehr gesehen, nicht wahr? - Es tut mir wirklich leid, das mit Nina.«

Die Alte warf einen schnellen Seitenblick auf Jan, hatte offenbar nichts gegen ihn einzuwenden und sagte: »Kommt er-ein. Wollt ihr nen Kaffee?«

Jan und Melanie wurden in das Wohnzimmer geführt. Der alte Mann schlurfte unwillig hinterher. Aber dann verließ er das Zimmer ohne ein Wort.

Da ihnen die alte Frau keinen Platz angeboten hatte, blieben sie stehen.

Melanie begann von der Zeit zu erzählen, als sie mit Nina näher befreundet war. Jan schaute sich derweil diskret in dem Wohnzimmer um. Nicht weit von ihm hing in einem altmodischen Rahmen eine Zeichnung des Bonner Münsters, es war eine ungewöhnliche Mischung aus altväterlicher exakter Zeichnung und moderner Sehweise, quasi ein Dürer-Feininger. Da Jan für Kunst einiges übrig hatte, schaute er sich das Bild näher an, während Melanie und Ninas Mutter sich weiter unterhielten. Er interessierte sich für den Schöpfer des Bildes, denn es war wirklich ungewöhnlich. Da entfuhr ihm plötzlich: »Das darf doch nicht wahr sein!« Und ganz aufgeregt und nicht gerade höflich unterbrach er das Gespräch der beiden Frauen: »Melanie! Schau dir das einmal genau an. Besonders links unten in der Ecke!«

»X.Y.Z. 1979!«, sagte sie ungläubig, »und rechts unten, da steht: In Liebe von Deinem Manfred.«

»Wat is dann mit dem Bild?« frage die alte Frau nun etwas unwillig, aber doch auch neugierig.

»Wir interessieren uns nur für den Zeichner dieses Bildes«, wiegelte Jan leichthin ab und legte seine Hand wie ein Signal auf Melanies Schulter.

»Dat Bild is noch von der Nina«, sagte die alte Frau, »et jefällt mir überhaupt nicht. Aber, weil et von der Nina is ... «

»Na, da heben Sie das Bild nur gut als Erinnerung auf«, sagte Melanie leichthin, »und, wir wollen Sie nicht weiter stören. Vielleicht erlauben Sie mir, daß ich mir gelegentlich eine Fotokopie von dem Bild mache. Auch für mich als Erinnerung an Nina.«

Die Alte nickte nur, wunderte sich vielleicht über diesen seltsamen Wunsch. Aber da es ja nicht für sofort war, schob sie die Anlegenheit in ihrem Kopf beiseite.

Nun verabschiedeten sich Melanie und Jan ziemlich schnell, denn im Moment hatten sie nichts mehr mit Ninas Mutter zu bereden. Nur, als sie schon an der Tür waren, fragte Melanie: »Sie wissen noch nicht, wann Ninas Beerdigung ist? Selbstverständlich kommen wir.«

Als habe sie auf das Stichwort nur gewartet, begann die alte Frau zu weinen. Melanie ging noch einmal zu ihr zurück und nahm sie in den Arm, was sie sich wie ein kleines Kind, das getröstet werden wollte, gefallen ließ.

Endlich stieß die alte Frau hervor: »Am Montag - wird Nina beerdigt. Um zwei - auf dem Nordfriedhof.«

Langsam beruhigte sich Ninas Mutter wieder, und Melanie und Jan verabschiedeten sich zum zweitenmal.

Der Vater ließ sich, als sie hinausgingen, nicht blicken.

21. Wir kommen allein hinaus

Als sie auf der Straße waren, redete Melanie ganz aufgeregt auf Jan ein: »Das Bild vom Münster! Das ist der Schlüssel! Dieser X.Y.Z. Das ist doch gar nicht möglich! Du erinnerst dich: Diese Widmung auf dem Bild, von einem Manfred! Du wirst es nicht glauben, das ist ein Jugendfreund von Nina und mir! Zuerst war er mein Freund, und dann hat Nina ihn mir ausgespannt!«

»Das darf doch nicht wahr sein!«, kam Jan kaum zu Wort.

Plötzlich nahm Melanie Jan an die Hand und zog ihn mit sich: »Komm! Manfred hat in der Franzstraße, gleich hier um die Ecke, gewohnt. Wir werden ihn besuchen!«

»Nun mal langsam«, versuchte Jan zu bremsen. »Bist du dir wirklich sicher, daß das unser Mann ist? Wer weiß, ob er überhaupt noch in der Franzstraße wohnt? Und, wir müssen uns überlegen, wie wir vorgehen, uns eine Taktik zurechtlegen. Wenn wir ohne Strategie da reinplatzen, machen wir womöglich nur etwas verkehrt. Warte, Melanie, wir müssen zuerst in Ruhe darüber reden!«

Nur widerstrebend ließ sie sich überzeugen. Ganz in der Nähe war eine Kneipe, dort gingen sie hinein, setzten sich an einen Tisch mit blankgeschrubbter Tischplatte aus hellem Holz und bestellten sich Kaffee. Der Schankraum war zu dieser Stunde leer. Der Wirt verzog sich gleich wieder in hintere Räume, nachdem er ihnen den Kaffee gebracht hatte.

»Erzähl erst mal etwas von diesem Manfred«, forderte Jan auf.

Melanie schaute einen Augenblick versonnen an Jan vorbei, dann lächelte sie: »Manfred war schon unser Klassenkamerad auf der Penne. Damals fing das an mit den gemischten Klassen. Heut will man das wieder abschaffen, weil die Mädchen angeblich in den naturwissenschaftlichen Fächern benachteiligt werden. Mag sein, ich hab bis heute keine Ahnung von Physik. Also, dieser Manfred, das war so ein kleiner Kerl, sah immer aus, als wenn er zwei Jahre jünger wär. War aber ehrgeizig und hatte immer ein paar flotte Sprüche drauf. Er wußte, wo es lang ging. Er war ein netter Kerl, und ich hatte mit ihm eine Jugendfreundschaft, außer ein bißchen Knutscherei lief weiter nichts. Jedenfalls nicht mit mir. Nina war da schon freigiebiger für die damaligen Verhältnisse - und so war der Manfred eines Tages Ninas Busenfreund - grinsen Sie nicht so, Herr Merode! Manfred war schon auf der Schule ein prima Zeichner, er malte uns alle sozusagen an die Wand. Als wir von der Penne waren, ins Berufsleben auseinanderliefen, verlor ich Manfred aus den Augen. Nina erzählte mir später, daß sie ihn nach Jahren wiedergetroffen hatte. Er hatte immer noch die flotten Sprüche drauf, aber - so Nina - man merkte, daß es viel heiße Luft war. Er hatte irgendeine Kunstakademie besucht, kam sich als großer Künstler vor, konnte aber von seiner Kunst nicht leben. Jobte hier, jobte da. - Und jetzt sieht es so aus, als habe Nina in der letzten Zeit wieder mit ihm zu tun gehabt. Mal angenommen, Manfred ist dieser X.Y.Z., der die Druckplatten für die Dollarnoten gemacht hat.«

»Und du sagst, daß er hier in der Franzstraße wohnt?«

»Du hast recht. Ich hab ganz vergessen daß das an die zwanzig Jahre her ist. Damals wohnte er bei seinen Eltern, wie wir alle. Früher zog man noch nicht so früh aus dem Haus. Aber ich habe eine Idee!«

Melanie hielt nach dem Wirt Ausschau, als er sie bemerkte, kam er auf sein Winken an den Tisch.

»Können Sie uns für einen Moment das Bonner Telefonbuch bringen?« fragte Melanie. Der Wirt nickte nur, schlurfte zur Theke und kam mit dem gewünschten Buch zurück.

»Kleinschmidt heißt Manfred mit Familiennamen«, sagte Melanie und begann zu blättern. »In der Schule haben wir ihn schon immer mit seinem Namen aufgezogen, daß er bei seiner Körpergröße der einzig richtige sei. - Hier, da steht er!« stellte Melanie zufrieden fest. »Franzstraße 19. Da haben auch seine Eltern gewohnt. Ich bin ein paarmal bei ihm gewesen, um Platten zu hören. Grinsen Sie nicht so unverschämt, Herr Merode! - Und was machen wir nun?«

Jan trank von seinem Kaffee. Melanie hatte ihn noch nicht angerührt. Dann sagte er: »Wenn wir ihn besuchen, müssen wir vorher wissen, was wir wollen. Wenn dein - gut - dieser Manfred der Plattenfälscher ist, dann steckt er tief in der Sache drin. Dann wird er wissen, daß Nina tot ist, daß da irgendetwas faul ist. Stell dir nur vor, daß eine kriminelle Organisation in der Sache drinsteckt, das Wort Mafia wag ich gar

116

nicht auszusprechen, da bekomme ich schon Bauchschmerzen, dann hat dieser Manfred vielleicht auch Angst vor ihnen, oder er macht mit ihnen gemeinsame Sache, ist Mann dieser Ganoven. Also, wir können uns ganz schön die Finger verbrennen.«

Nun trank auch Melanie von ihrem Kaffee.

»Ich könnte ihn anrufen, ganz unwissend tun, sagen, daß Nina Montag beerdigt wird, und ob er als alter Klassenkamerad zur Beerdigung kommt ... «

»Und was bringt uns das?« schüttelte Jan den Kopf. »Uns bleibt nichts anderes übrig, als diesem Manfred auf die Pelle zu rücken. Vielleicht hat er einen Funken Ehrgefühl und will auch, daß die Leute, die Nina umgebracht haben, hinter Schloß und Riegel kommen.«

»Also besuchen wir Manfred doch?« fragte Melanie, aber es war zugleich eine Feststellung. Sie tranken ihren Kaffee aus, bezahlten, verließen die Kneipe und gingen zur Franzstraße. Es war schon ein Zufall, daß alles so nah beieinander lag.

Das Klingelschild hatte Manfred wohl selbst graviert, der verschnörkelte Namenszug war ein kleines Kunstwerk.

Erst nach mehrmaligem Klingeln ging der Türsummer. Offenbar wohnte Manfred Kleinschmidt parterre. Vielleicht hatte er aus einem Fenster geschaut und sie beide begutachtet.

Ein Mann um die vierzig kam aus einer Wohnungstür im hinteren Teil des Flures. Er hatte verschlissene Jeans und einen abgewetzten Pullover an. Die hellen Haare waren ziemlich lang, auf der Nase trug er eine Brille mit kleinen runden Metallfassungen, wie Franz Schubert oder dieser gewisse kleinwüchsige Minister, der die miesesten Einsparungen den Versicherten mit einem Harmlosigkeit vortäuschenden Grinsen unterzujubeln versuchte.

»Was ist los? Ich hab keine Zeit«, war er ebenso unhöflich wie kurzangebunden.

»Herr Kleinschmidt?« fragte Melanie kühl aber verbindlich.

»Ja, was ist?«

»Darf ich einen Moment hereinkommen. Mein Name ist Melanie ... «

»Doch nicht *die* Melanie?« Und nun ging ein kleines Lächeln über das Gesicht des Mannes.

»Ja, *die* Melanie - und das ist Jan, wenn ich vorstellen darf«, sagte sie.

»Dann kommt doch rein«, hatte Manfred Kleinschmidt entschieden und ging voraus. Sie kamen in einen kleinen Wohnungsflur und von da in einen Wohnraum, in dem ein ziemliches Durcheinander herrschte. Ein uraltes Sofa und ein paar Polstersessel waren mit allerlei Kram bepackt, Kleidungsstükke, Zeitschriften, Bücher. Auf einem schmalen Tisch jede Menge verdrecktes Geschirr, abgegessene Teller, verklebtes Besteck, mehrere Tassen mit eingetrockneten Kaffee- oder Teeresten.

»Verzeiht das Durcheinander«, sagte Manfred und räumte mit ein, zwei Griffen die Sessel leer und deponierte die Sachen auf dem Boden. Sich selbst schob er eine Ecke auf dem Sofa frei. Bevor er sich jedoch setzte, bot er ihnen etwas zu trinken an. Was aber Melanie und Jan in Anbetracht des verdreckten Geschirrs ablehnten.

Dann setzte sich Manfred und grinste Melanie ungeniert an: »Es ist eine Menge Zeit her, daß wir uns gesehen haben?«

»Zwanzig Jahre? Zu den Klassentreffen hast du dich ja nicht blicken lassen«, stellte Melanie fest.

»Ja, wie die Zeit vergeht. Hab gehört, du hast geheiratet«, und mit einem fragenden Blick schaute er Jan an.

»Bin längst wieder geschieden«, nickte Melanie bedächtig und biß sich auf die Unterlippe. »Jan ist ein guter Freund«, fügte sie hinzu.

»Und da erinnerst du dich nach zwanzig Jahren an deinen alten Manfred?«

»Na ja, *mein* Manfred warst du ja nur ein paar Wochen, dann kam die Nina ...« sagte Melanie und schaute ihn vorsichtig forschend an, denn sie wollte erfahren, wie er auf den Namen Nina reagierte.

Ein leichter Schatten zog über Manfreds Gesicht. Und, als wenn er Zeit für eine Antwort schinden wollte, stand er auf und sagte beiläufig: »Wenn Ihr nichts dagegen habt, hol ich mir selbst was zu trinken.«

Er kam mit einer Flasche Mineralwasser und einem Glas zurück und goß sich ein.

»Ich will nicht mehr lang drumherum reden«, kam Melanie nun zur Sache. »Hier, mein Freund Jan, war am Sonntag in der Münsterkirche. Am Schluß setzte er sich neben eine Frau, von der er dachte, sie sei eine Freundin von ihm. Aber das war sie nicht. Es war Nina. Ja, unsere Nina, - und da sank Nina zur Seite in Jans Schoß - sie war tot!«

Jan beobachtete den Mann genau, er kniff die Lippen zusammen, verzog aber fast keine Miene. »Das ist ja schrecklich!« preßte Manfred Kleinschmidt hervor. Mit fahrigen Bewegungen goß er sich wieder ein Glas Mineralwasser ein und schüttete es in einem Zug herunter, als könne er das wegspülen, was er soeben gehört hatte.

Nach einigen Sekunden sagte Melanie mit harter Stimme: »Und jetzt sagst du uns endlich, was du weißt!«

Manfred zögerte: »Keine Ahnung. Was willst du?«

»Du hast irgendwas mit Ninas Tod zu tun! Für uns ist da einiges zusammengekommen. Und jetzt sagst du uns endlich, was passiert ist!«

»Ich laß mich nicht in eine Sache hineinziehen - .« Kleinschmidt stand auf, aber seine Hände zitterten: »Da verschwindet ihr besser wieder!«

»Das hättest du wohl gern? Sollen wir zur Polizei gehen? Ihr sagen, was wir wissen? Dann bist du auf der Stelle verhaftet. Da kannst du sicher sein! Das Wasser steht dir bis zum Hals! Jan, bitte, geb ihm die Rechnung!« Melanie war erregt, hatte sich auf die Kante des Sessels gesetzt und Jans Hand ergriffen.

»Gut. Sie sollen die Fakten erfahren«, begann Jan. Er bemühte sich um einen ruhigen Ton. »Daß die tote Nina mir in den Schoß gesunken ist, hat Melanie gesagt. Ich vermute, sie wurde mit einer Giftspritze getötet. Als ich nachmittags noch einmal ins Münster kam, saß da Melanie und weinte. Ich sprach sie an. Wir lernten uns kennen. Ja. - Und da erfuhr ich, daß Melanie einen Anruf bekommen hatte. Daß Nina Lessenich im Münster den Tod gefunden hat und daß sie, Melanie, nur ja den Mund halten soll. Und dann wurde bei ihr eingebrochen. Man hat wohl etwas gesucht - und nicht gefunden. Und - wir haben gemerkt, daß uns jemand beobachtete und ziemlich auffällig folgte. Dann hat Melanie Post bekommen, in einem Kuvert steckte ein Schließfachschlüssel. Wir haben jemand hingeschickt, der nachsah. In dem Schließfach befand sich ein gebrauchter dicker Umschlag. Jetzt passen Sie auf: Als Absender stand da X.Y.Z. und als Empfänger ein Peter F. Fuhrmann, der in München in dem Haus wohnt, wo auch Nina wohnt, nein wohnte. Und in dem Umschlag waren zwei Druckplatten für 20 Dollar-Noten, und hinten auf den Druckplatten waren Initialen geritzt: X.Y.Z. Und dieser X.Y.Z., das sind Sie, Herr Kleinschmidt!«

Manfred saß steif in der Ecke des Sofas und starrte an den beiden Besuchern vorbei. Er preßte die Lippen zusammen, als wolle er sich verbieten, etwas zu verraten. Zugleich schüttelte er ungläubig den Kopf.

»Sagen Sie uns endlich was los ist! Müssen wir Ihnen noch beweisen, daß Sie dieser X.Y.Z. sind?« Jan schaute Melanie auffordernd an.

Nach einer kurzen Weile sagte sie leise: »Du hast Nina mal ein Bild der Münsterkirche geschenkt, es ist lange her. Du hast schon damals ganz toll zeichnen können. Ein Bild des Münsters. Links unten hast du signiert: X.Y.Z. und rechts hast du deinen richtigen Namen unter eine Widmung geschrieben. - Gib es endlich auf. - Und rede!«

Lange saß Manfred fast bewegungslos da. Melanie und Jan ließen ihm Zeit. Dann begann er zu reden. Erst fast tonlos, abgehackt in Schüben. Dann immer flüssiger. Und dann wie ein Wasserfall, wo es aus ihm hervorquoll und er alles auf einmal loswerden wollte.

»Ich - ich hab gehört, daß Nina tot ist. Ein Schock - für mich. Denn - ich hab sie - immer noch gemocht. Auch - wenn sie zuletzt mit diesem Peter F. - Florian! - herumhing. Der konnte ihr eben was bieten. Trotzdem kam sie von Zeit zu Zeit nach Bonn. Es machte ihr nichts aus, auch mir mal was Gutes zu tun. So übel war sie gar nicht. Wie ihr Mädchen immer über sie geredet habt. Das hat sie gekränkt. Irgendwann kam dann dieser Peter F. mit nach Bonn. Wir trafen uns nobel im Bristol. Wen kann ich hier schon reinlassen? Und der wußte, daß es mir dreckig ging. Mit der Kunst ist das so eine Sache. Nur, wenn du einen Namen hast, machst du Kohle. Es ist ein Geschäft. Und das hab ich nie begriffen. Und dieser Peter F. schlug mir was vor. Und die Nina meinte auch, das wär doch was. Das wär doch was, um mich auf Dauer zu sanieren. Und ich hab mit dem Rücken zu Wand gestanden, und ich hab gesagt, daß ich es mache. Das ist doch ein Kinderspiel, solche Dollarnoten, die sind drucktechnisch ziemlich primitiv. Der Fuhrmann hat zur Tarnung nen kleinen Verlag und ne Drukkereiklitsche. Im Keller aber hat er Supertechnik stehen. Und da druckt er die Dollar für ne Organisation, und die verhökert die Scheinchen vorwiegend in Süd- und Osteuropa. Und seitdem ging es mir finanziell endlich einmal nach vielen Jahren ordentlich. Große Sprünge hab ich keine machen können, da haben die mich schon kurzgehalten. Sie haben mir wohl auch mißtraut, daß vielleicht etwas auffiel. Wenn ich da plötzlich mit nem Porsche rumfahren würd. Und die Nina kam auch immer seltener. Aber dann rief sie mich eines Tages an. Ist vielleicht vierzehn Tage her. Sie heulte. Der Peter F. habe sie rausschmeißen wollen, habe sich ne Junge von zwanzig aus Schwabing geangelt, ne junge Grafikerin. Grafikerin! Und dann rief sie vor ner Woche an, sie käme nach Bonn, sie brächte die Druckplatten mit. Ich habs ihr ausreden wollen. Aber mit ihr war nicht zu reden. Sie war eben stinksauer. Mit dem Schlafwagen wollte sie nach Bonn fahren. Wir wollten zusammen frühstücken. - Aber sie ist nicht gekommen.«

Kleinschmidt hielt einen Moment inne. Nahm wieder die Mineralwasserflasche, um sich einzuschütten. Schraubte den Verschluß mit einer resignierenden Geste aber wieder zu und stellte die Flasche auf den Tisch zurück.

»Diese Schweine ... «, sagte er dann leise. Und dann kaum hörbar: »Ich hab Angst.«

Melanie wartete einen Augenblick und fragte dann mit forscher Stimme, auch wenn sie auf einmal wieder Trauer um Nina empfand und ihr die Tränen in die Augen schossen: »Nina mußte sterben, weil sie die Druckplatten an sich genommen hat? Was weißt du davon?«

Kleinschmidt zögerte: »Ich weiß ja nicht alles. Nina hatte mich angerufen. War aufgeregt, wütend, irgendwie aus dem Häuschen. Sie drohte: *Ich laß den ganzen Laden auffliegen. Ich hab mitgemacht und mir die Finger schmutzig gemacht. Das kann der Peter nicht mit mir machen. Dem werd ich es geben. Und wenn ich alles der Polizei verrate.* Das hat sie am Telefon gesagt. Wahrscheinlich hatte sie mit Peter eine Auseinandersetzung. Oder ihr Telefon wurde abgehört. Die haben jedenfalls gewußt, was Nina vorhatte. Sie war ein kluges Kind, aber dafür war sie nicht raffiniert genug. Die Kerle haben bestimmt schon hier in Bonn auf sie gewartet, um sie abzufangen. So kann ich es mir nur vorstellen. Nina hat es gemerkt, hat die Sachen in ein Schließfach tun und eine Fährte legen können. Und dann hat sie den Brief an Melanie bei der Post auf dem Münsterplatz eingeworfen. Man hat sie wahrscheinlich beobachtet.«

Und Jan ergänzte: »Die Kerle sind Nina Lessenich ins Münster gefolgt und haben sie mit einer Giftspritze getötet. Sie konnte nicht mehr reden.«

Jan dachte eine Weile nach, dann fragte er: »Aber eins verstehe ich noch nicht. Die Kerle haben Melanie gewarnt und ihr gesagt, daß es Nina im Münster erwischt hat. Wie haben die Kerle die Telefonnummer von Melanie herausbekommen?«

»Das weiß ich auch nicht. Vielleicht haben sie Ninas Wohnung in München auf den Kopf gestellt. Vielleicht hat sie telefoniert, und sie haben mitgehört. Die Organisation ist doch mit allen Wassern gewaschen«, gab Manfred zur Antwort.

Für eine Weile redete keiner von ihnen, dann sagte Melanie ernst und mit fester Stimme: »Ich habe Nina nie besonders gemocht, aber ich will, daß der oder die Mörder gefaßt werden!«

Zögernd und mit kleiner Stimme sagte Manfred: »Und wie stellst du dir das vor? Willst du mich mit reinreißen? Ich komme doch für Jahre in den Bau, wenn die das mit den Druckplatten rausbekommen. - Oder willst du etwa auch noch mich für ihren Tod verantwortlich machen?« Jetzt war Manfred erregt aufgestanden.

»Du kannst wenigstens dazu beitragen, daß die Kerle geschnappt werden. Oder läßt dich der Tod von Nina kalt? Du hast doch gesagt, daß ihr euch immer mal getroffen habt. Dann hast du bestimmt einiges für sie übrig gehabt«, versuchte Melanie sein Gewissen aufzurütteln.

Manfred setzte sich wieder. Er war hilflos und unsicher.

»Was meinst du denn, wer ich bin? Meinst du etwa, ich wäre nicht traurig, weil Nina tot ist? Wenn ich ihr hätte etwas bieten können, vielleicht ... «

Jan schaute den Mann nüchtern an. Was war der nur für eine Mischung aus Selbstüberschätzung, Hilflosigkeit und Selbstbetrug. Die Nina, wie er die Tote nun sah, was hatte sie nur an diesem Menschen, der weder Fisch noch Fleisch war, dem die Lebenslügen nur so im Gesicht standen, gefunden? Was hatte er ihr dennoch bieten können?

»Du wirst uns helfen, die Ganoven zu schnappen!«, unterbrach Melanies energische Aufforderung an Manfred Jans Gedanken.

»Ich kann nicht«, kam die nun fast weinerliche Antwort. »Ich habe Angst. Wenn ich nicht wüßte, daß mich die Kerle überall finden, wäre ich schon längst abgehauen. - Ich hab Angst. Ich hab Angst! Verdammt, könnt Ihr das nicht verstehen?!« Mit den letzten Worten war Manfred wieder laut geworden.

Wieder redeten sie einen Augenblick nicht.

Dann sagte Jan in einem nüchternsachlichen Ton: »Wir werden den Kerlen eine Falle stellen, sie müssen der Polizei direkt in die Arme laufen. *Sie,* Herr Kleinschmidt, können nicht mehr laufengehen. Denken Sie an den Tod von Nina. Ein wenig Mitschuld haben auch Sie. Vergessen Sie das nicht. Vielleicht können Sie etwas abtragen. Wieder gutmachen. Wenn Sie gestehen, kommen Sie mit ein paar Jahren davon, bekommen mildernde Umstände. Aber, Sie können sich wieder in die Augen sehen.«

Manfred Kleinschmidt saß da und schüttelte fast wie das Pendel einer Uhr seinen Kopf. Minutenlang. Dann sank Manfred nach vorne, vergrub sein Gesicht in den Händen und weinte, und schluchzend, und in Wellen hob und senkte sich sein Oberkörper.

Sie ließen ihn in Ruhe.

Dann setzte sich Melanie neben ihn, legte den Arm um seine Schulter und redete leise tröstend mit ihm wie mit einem kleinen Kind.

Es dauerte eine Weile, bis er sich wieder gefaßt hatte.

Dann redeten sie ruhig miteinander, sie machten einen Plan, und immer wieder versuchte es Manfred mit Ausflüchten. Aber sein Widerstand wurde immer geringer.

Bis er endlich einwilligte.

Sie beredeten alles ausführlich.

Bis sie endlich einig waren.

Jan und Melanie verließen Manfreds Wohnung. Zuletzt hatte er immer noch auf dem Sofa gesessen und vor sich hingestarrt. Sie hatten ihn sitzen lassen: »Wir kommen allein hinaus.«

22. Es wird alles werden

Jan und Melanie hatten zu Mittag in der Stadt gegessen und nachmittags einige Erledigungen gemacht. Jan wollte anschließend wieder in seine Wohnung, aber Melanie ließ es nicht zu. Sie überzeugte ihn auch damit, daß ja noch einiges zu besprechen sei, und sie andererseits allein zu Hause Angst habe. Aber Jan bestand darauf, daß sie wenigstens in seine Wohnung gingen, einmal nach dem Rechten sahen, und er ein paar Kleidungsstücke, einige Arbeitsunterlagen und ein, zwei Flaschen guten französischen Rotwein holte. Da Jan immer noch kein Auto hatte, nahmen sie für die Fahrt ein Taxi, das sie vor Jans Wohnhaus warten ließen. Und weil es Melanie in Jans Wohnung plötzlich danach war, ihn in den Arm zu nehmen, um ihm einen langen zärtlichen Kuß zu geben, an dem er sich auf die gehörige Weise beteiligte, mußte der Taxifahrer ein wenig länger warten. Der Taxameter lief ja weiter, und er kam auf seine Kosten.

Nun saßen sie gemütlich in Melanies Wohnzimmer. Gemeinsam hatten sie ein paar Schnittchen gemacht, und Jan eine der Rotweinflaschen geöffnet. Sie saßen nebeneinander auf der Couch und sahen im Ersten die Tagesschau. Als die Wettervorhersage vorbei war, drückte Melanie auf die Austaste der Fernsteuerung. »Haben wir nicht etwa Besseres zu tun, als in die Glotze zu schauen?« fragte Melanie mit leichtbelegter Stimme, drehte sich zu Jan herum und lächelte ihn an.

»Ich weiß nicht, was Du meinst?« stellte sich Jan dumm, aber sein jungenhaftes Grinsen strafte ihn Lügen.

»Nun stellen Sie sich mal nicht so dämlich an, Herr Merode!« und sie nahm ihn in den Arm und küßte ihn mit halbgeöffnetem Mund. Und die Nachspeise schmeckte Jan, und Melanie war nicht mehr die Zurückhaltende, die sich auffordern ließ. Und ihre Lippen und Zungen tanzten einen leidenschaftlichen Pas-de-deux. Erst nach Minuten ließen sie von einander ab. »Mein lieber Jan! Du läßt einen ja kaum zu Atem kommen!« Und sie tranken von ihrem Rotwein.

Aber nun nahm Jan Melanie in den Arm, legte ihren Kopf auf das Rückenkissen der Couch, so lag sie nun ganz entspannt, und er beugte sich über sie. Wie zärtlich waren ihre Lippen, die sie zuerst, als wolle sie ihn ein wenig ärgern, sanft geschlossen hielt, aber dann ganz langsam öffnete und ihn mit seiner forschenden Zunge hereinließ, in sich aufnahm, in sich aufsaugte. Und Jans linke Hand streichelte Melanie wie in einem Kontrapunkt zu ihrem endlosen Kuß. Und nun berührte er ihre Brust. Melanie hatte einen dünnen Cashmere-Pullover an. Wie weich ist die Wolle, wie weich ist dein Busen. Und Melanie spürte ihn und ließ es geschehen und küßte ihn. Und sie atmeten beide durch die Nase, daß ihr Kuß nie ein Ende haben würde. Und Jan schob seine Hand unter Melanies Pullover. Sie hatte einen Büstenhalter an. Aber Jan fand den Weg, seine Hand von oben in das Körbchen zu schieben, und nun hielt er ihre weichen, warme Brust zum erstenmal in der Hand. Voll, weich und warm. Und er streichelte ihre Brustwarze, die sich gleich aufrichtete. Und Melanie küßte ihn noch leidenschaftlicher.

Aber dann zog Jan plötzlich seine Hand zurück und machte den Kuß zuende. Er hatte daran denken müssen, wie er noch vor wenigen Wochen eben das gleiche mit Therese erlebt hatte. Und nun kam er sich schlecht vor. Er fühlte doch noch immer für sie. Oder war Melanie tatsächlich in seine Gefühle gedrungen? Hatte er dieses prickelnde Verlangen nur für sie gespürt? Jan war auf einmal ein wenig durcheinander. Er mußte sich abkühlen, einen nüchternen Kopf bekommen. Er stand auf, stammelte entschuldigend: »Verzeih, ich muß mal eben verschwinden. Bin gleich wieder da.«

Er ging schnell hinaus auf die Toilette. Stellte sich vor den

Spiegel und sah sich in die Augen: Was bist du nur für ein Mensch? Dann betätigte er die Toilettenspülung, ohne die Toilette benutzt zu haben. Wusch sich das Gesicht mit kaltem Wasser ab. Ließ sich Zeit. Und ging, als er nicht mehr länger warten konnte, zu Melanie zurück. Er setzte sich neben sie, lächelte. Hielt aber ein wenig Abstand. Auch sie hatte sich wieder gerade hingesetzt. Dann sagte er leise: »Das war sehr schön. Aber laß mir ein bißchen Zeit. Du verstehst mich? - Laß uns über den Plan mit Manfred Kleinschmidt reden. Morgen soll die Geschichte ablaufen. Ich hoffe nur, daß Manfred die Sache nicht versiebt.«

»Lenk mal nicht ab, Jan! Für morgen ist doch alles in die Wege geleitet. Du wirst sehen, es wird schon hinhauen! - Nein, Lieber, komm neben mich. Erzähl mir von Therese. Meinst du, ich wäre blind? Du hast sie immer noch im Kopf. Ich mag dich, das hast du doch wohl gemerkt? Aber komm mit dir selber klar. Komm, gib mir deine Hand und erzähl mir von Therese.«

Jan nickte ernst, trank von seinem Rotwein und gab ihr dann seine Hand.

Und dann erzählte er von Therese.

Es war spät geworden, die erste Flasche Wein war ausgetrunken und Jan hatte noch die zweite geöffnet. Der Alkohol hatte ihn erwärmt und ihm die Zunge gelockert. Melanie hatte mitgehalten, hatte nach einer Weile die Beine hochgelegt. Hatte ihn reden lassen. Mehr und mehr spürte sie, wie wund Jans Gefühle noch waren. Er mußte diese Therese, die doch offenbar nichts mehr von ihm wissen wollte, immer noch lieben. Aber das setzte sie nicht zurück. Nein, sie fühlte, wie eine große Zuneigung in ihr zu diesem Mann wuchs, der über seine Empfindungen, Enttäuschungen und Verletzungen so offen sprach. Sie nahm sich vor, ganz behutsam mit ihm umzugehen, ihm zu helfen, mit der Traurigkeit über seine verlorene Liebe zurechtzukommen. Sie würde ihm zeigen, daß es auch noch eine Zukunft gibt. Und daß diese Zukunft - vielleicht - ihnen beiden gehören wird.

Als Jan sich ganz leergeredet hatte, den Kopf rot vor Rotwein, aber sein Körper wie erstarrt, setzte sich Melanie auf und nahm Jan in den Arm. Sie gab ihm einen sehr sanften zärtlichen Kuß auf den Mund. Ihre Lippen öffnete sie nicht dabei.

»Es wird alles werden. Haben wir Geduld, ja? - Und nun gehen wir ins Bett! Denn morgen wird es einen heißen Tag geben. Hoffen wir, daß alles klappt.«

Als Jan nach zehn Minuten allein auf der Couch lag, den Duft der noch kühlen weißen Bettwäsche in der Nase und das leichte Drehen im Kopf durch den Rotwein, gingen ihm wieder Fetzen seines Erzählens durch den Kopf. Therese, warum bin ich immer noch so unglücklich? Es ist doch schon Wochen her, daß wir uns das letzte Mal gesehen haben.

Sonntag

23. Und wer bezahlt mir nun die drei Glas Wasser?

In der Kneipe *Frankeneck* an der Adolfstraße sollte alles stattfinden. Jan war auf die Idee gekommen, sie mußte unverfänglicher wirken als etwa Manfreds Wohnung. Der Wirt war von der Polizei eingeweiht und instruiert.

Jetzt war es vierzehn Uhr. Mehrere männliche und weibliche Kriminalbeamte in Zivil hatten an verschiedenen Tischen der Kneipe Platz genommen. Vom Frühschoppen waren noch ein paar Unentwegte übriggeblieben, sie standen an der Theke und betrieben lauthals Kirchturmpolitik.

Melanie und Jan saßen am gleichen Tisch, an dem sie schon einmal gesessen hatten. Wieder tranken sie Kaffee. Kriminalkommissar Hartung kam aus einem der hinteren Zimmer, durchschritt den Schankraum und trat an den Tisch heran: »Darf ich mich setzen?«

Er nahm Platz, sah zum Wirt hinüber und zeigte, als ihn dieser beachtete, auf die Kaffeetasse von Jan. Der Wirt hatte verstanden.

»Eigentlich müßte ich Ihnen ja böse sein«, sagte Kriminalkommissar Hartung, aber sein Lächeln strafte ihn Lügen. »Das ist ja schon ein starkes Stück, der Polizei das Vorgehen abzunehmen, nein schlimmer: es ihr aufzuzwingen. Aber ich muß schon sagen, Herr Merode, Ihre Argumente haben mich überzeugt. Herr Kleinschmidt ist in der Küche und versucht seine Aufregung zu bekämpfen, weil er Lockvogel spielen muß und darum Bauchweh hat. Der Wirt hat ihm schon einen Kräuterschnaps spendiert. Kleinschmidt hat die beiden Druckplatten. Wir werden also sehen. Um 15 Uhr ist der Verabredungstermin, also in fünfundvierzig Minuten.«

Der Wirt hatte inzwischen den Kaffee für den Kommissar gebracht, der trank davon. Verließ dann den Tisch, um bei den verschiedenen Tischen vorbeizugehen und noch einmal leise Instruktionen zu erteilen. Die zwei, drei Frühschoppenmänner waren schon zu betrunken, um zu bemerken, daß sich heute etwas besonderes in dieser Kneipe tat.

Jan schaute alle paar Minuten auf die Uhr. Die Zeiger krochen nur so dahin. Als es kurz vor drei war, kam Manfred Kleinschmidt aus dem hinteren Raum und setzte sich an einen leeren Tisch am Fenster. Die Tische daneben waren frei. Manfred tat so, als kenne er Jan und Melanie nicht. Eine verschlissene Aktentasche hatte er auf den freien Stuhl neben sich gestellt. Nun waren noch zwei Stühle frei.

Es war zehn Minuten nach drei, als drei Männer den Schankraum betraten. Forschend blickten sie in die Runde und begegneten dem Blick von Manfred, der seine Linke leicht erhoben hatte.

Die Menschen im Schankraum waren mit sich beschäftigt,

einige unterhielten sich laut, an einem anderen Tisch wurde Skat gespielt. Jan hatte Melanies Hand ergriffen und redete leise auf sie ein. Mußten sie es spielen, daß sie ein Paar waren, das sich mochte?

Einer der Männer war um die fünfzig, er hatte einen dunkelgrauen Anzug an, der von einem guten Schneider war, zum hellblauen Hemd paßte eine bordeaurote dezentgemusterte Krawatte. Die schwarzgrauen Haare kurzgeschnitten, auf der Nase eine Brille ohne Fassung, nur mit Goldbügeln und goldenem Nasenbügel. Die beiden anderen Männer waren um die dreißig, hatten dunkle Anzüge an, weiße Hemden ohne Krawatten. Dunkelbraune verkniffene Gesichter. Waren es Südländer? Der Mann in Grau schritt auf den Tisch von Manfred zu, die beiden anderen Männer hinter ihm her. Manfred erhob sich halb. Der Mann drückte ihn jedoch wieder auf den Stuhl, und setzte sich nach einer beiläufigen Begrüßung ohne Handschlag auf den Platz gegenüber. Manfred nahm die verschlissene Aktentasche zwischen die Beine, so daß die beiden anderen Männer auf den seitlichen Stühlen Platz nehmen konnten. Das Stimmengewirr im Raum war einen Augenblick unmerklich leiser geworden, um gleich wieder anzuschwellen.

Jan saß so, daß er Manfred beobachten konnten, von dem Mann in Grau konnte er nur den Rücken sehen. Manfred blickte an Jan vorbei, in seinem Gesicht war Angst geschrieben. Hoffentlich verriet er sich nicht.

Der Wirt kam, nahm eine Bestellung auf, und erschien wieder mit drei Gläsern Mineralwasser. Dann sprach der Mann in Grau auf Manfred ein, der nur hier und da kurz anwortete. Die beiden anderen Männer saßen stumm dabei. Dann hob Manfred die verschlissene Aktentasche hoch und schob sie über den Tisch.

Jan sah noch ein kleines Flackern in den Augen von Manfred, und dann ging alles sehr schnell, wie die Choreographie eines rasenden Tanzes. Die Kriminalbeamten sprangen von ihren Tischen auf, rissen Waffen hoch, stürmen zu dem Tisch, brüllten Kommandos. Rissen brutal die Arme der vier Männer hoch. Einer der schwarzen Männer hatte noch eine Pistole in die Hand bekommen, aber schon war sie ihm entwunden. Die Arme der vier Männer wurden auf den Rücken gebogen und mit Handschellen verbunden. Dann wurden die Männer hinausgeführt. Die zwei, drei unentwegten Frühschoppensäufer standen da mit offenen Mäulern, ohne wirklich zu kapieren, was geschehen war. Das alles hatte keine drei Minuten gedauert.

Nun war der Schankraum fast leer. Nur noch Jan und Melanie saßen an ihrem Tisch, noch ging ihnen der Puls vor Aufregung. Da kam Kriminalkommissar Hartung an ihren Tisch und setzte sich auf die Stuhlkante: »Das hat geklappt! Danke für die Mitwirkung. Eigentlich müßte ich Ihnen ja böse sein. Na, ja. Aber ich werde Sie noch ausführlich vernehmen müssen. Da verstehen Sie doch?« Er grinste die beiden an. Also ganz so schlimm kann es ja nicht mehr kommen, dachte Jan.

Da trat der Wirt an ihren Tisch heran. Er fragte den Kommisar vorwurfsvoll: »Und wer bezahlt mir nun die drei Glas Wasser?«

»Betrachten Sie es als Ihre staatsbürgerliche Pflicht«, sagte Hartung, zog aber dann doch seine Geldbörse, drückte dem Wirt einen Zehnmarkschein in die Hand, stand auf und verließ das Lokal.

Melanie und Jan saßen allein an ihrem Tisch. Sie waren die letzten Gäste im Raum.

»Und was machen wir mit dem angebrochenen Nachmittag?« fragte Melanie.

»Laß uns erstmal zahlen, wir sitzen jetzt lange genug hier herum«, sagte Jan und winkte dem Wirt.

Als beide auf der Straße waren, hakte sich Melanie bei Jan ein, und sie spazierten in Richtung Innenstadt.

»Ob die Polizei nun die richtigen Kerle geschnappt hat, die Nina auf dem Gewissen haben?« fragte Melanie.

»Der Kriminalkommissar wird es schon herausbekommen. Schade, daß wir nicht mehr mit Manfred Kleinschmidt haben reden können. Aber wie es so aussah, war der Anführer der drei offensichtlich dieser Peter F. Fuhrmann. Er ist in unsere Falle getappt. Na ja, bei der Polizei haben wir nun etwas gut. Es ist zu hoffen, daß dein Manfred mit einem blauen Auge davonkommt.«

»Es ist nicht *mein* Manfred! Daß du es weißt. Ein paar Jährchen wird er wohl schon wegen der Falschgeldgeschichte bekommen«, gab Melanie zurück.

»Ich denke, wir sollten meinem Freund Hans-Heinz einen Besuch abstatten. Er hat schließlich bis jetzt dichtgehalten. Wir sollten ihm berichten, was inzwischen passiert ist. Die restlichen Informationen kann er sich ja dann noch bei der Polizei besorgen. Aber uns beide will dieser Kommissar ja auch noch vernehmen, vielleicht erfahren auch wir dann Genaueres«, meinte Jan.

Sie trafen Hans-Heinz Otten in seinem Redaktionsbüro. Er war natürlich gespannt darauf, den Ablauf der Verhaftung zu erfahren. Er machte sich handschriftliche Notizen, denn nun konnte er endlich seinen Artikel fertigstellen.

»Aber warte mit der Veröffentlichung ab, bis auch in München die Geldfälscherwerkstatt ausgehoben« ist, forderte Jan.

Dann flapsten sie noch etwas herum, bis sich Jan und Melanie verabschiedeten. Als Melanie ein paar Schritte vorausging, stieß Hans-Heinz Jan in die Seite und flüsterte: »Hast du Feuer gefangen bei der Kleinen? Du siehst endlich nicht mehr nach Liebeskummer aus!«

»Ha, ha!« fiel Jan ihm ins Wort. Melanie mußte es ja nicht unbedingt mitbekommen.

Jan und Melanie spazierten noch ein wenig durch die Straßen der Innenstadt und entschlossen sich dann kurzerhand zu einem Kinobesuch.

Jan hielt Melanies Hand und fühlte erstmals seit langem eine ruhige Zufriedenheit in sich. Den Film sah er nur mit halbem Sinn, aber es gelang ihm, nicht immer wieder an Therese zu denken.

Montag

24. Innerlich mußte er amüsiert lächeln

Jan und Melanie waren um vierzehn Uhr zur Beerdigung von Nina Lessenich. Es waren eine Reihe von Schulfreunden erschienen. Melanie stellte Jan vor, und man redete über den plötzlichen Tod von Nina Lessenich.

Als sie am Grab standen, hielt Jan Melanie im Arm. Aber sie war tapfer, ihre Tränen hatte sie vor einer Woche geweint.

Aber dann mußten sich beide beeilen, denn sie wurden im Polizeipräsidium erwartet.

Kriminalkommissar Hartung hatte Jan und Melanie zusammen zur Vernehmung am Montagnachmittag geladen. Jetzt war es vier Uhr.

Der Kommissar saß hinter seinem Schreibtisch, auf zwei Stühlen davor Jan und Melanie. Sie saßen so eng beieinander, daß ihr Jan von Zeit zu Zeit die Hand drücken konnte.

Etwas abseits saß an einem kleinen Tischchen eine Prokollführerin vor einem Schreibcomputer.

Der Kommissar machte ein ernstes Gesicht, blickte dabei aber über den Rand seiner Lesebrille, eine verhalten freundliche Geste, die andeutete, daß nicht so heiß gegessen werden würde, wie gekocht.

»Eigentlich müßte ich Ihnen ja böse sein. Na, ja«, wiederholte der Kommissar einen Satz, den er schon gestern von ich gegeben hatte.

»Bitte schildern Sie mir, was sie von der ermordeten Nina Lessenich wissen und was nach dem Mord passiert ist?« Er sah dabei Melanie Küppers direkt an.

Melanie erzählte aus ihrer Jugendzeit und kam von sich aus auf Manfred Kleinschmidt zu sprechen. Dann schilderte sie den Warnanruf der unbekannten Kerle am Tag des Todes von Nina. Und berichtete, wie sie nachmittags ins Münster gegangen war und dabei Jan kennenlernte. Sie schaute bei diesen Worten Jan kurz von der Seite an, der nahm Melanies Hand - sollte der Kommissar doch ruhig erfahren, wie sie bereits miteinander standen - und hielt sie fest. Dann erzählte sie von dem Einbruch in ihre Wohnung, und daß sie Jan zur Hilfe gerufen hatte.

»Wenn ich hier kurz unterbrechen darf«, fiel Jan Melanie ins Wort. »Wir hätten den Einbruch sofort melden müssen, aber Melan... Frau Küppers hatte Angst, nachdem, was Nina passiert war. Und ich habe sie auch darin bestärkt, vorerst nichts der Polizei zu sagen.«

»Später merkten wir dann bei einem Spaziergang, daß wir beobachtet wurden«, setzte Melanie nach einem auffordernem Blick des Kommissars fort. »Dann bekam ich diesen Brief mit dem Schließfachschlüssel. Sie wissen ja schon Bescheid. Ein Freund von uns brachte uns den Inhalt des Schließfachs. Nein, den Namen dieses Freundes erfahren Sie nicht. Denn das ist wirklich unwichtig. Sie wissen ja, was in dem Umschlag war, die Druckplatten für die falschen Dollarnoten.«

»Und was sagen Sie dazu, Herr Merode?« fragte der Kommisssar.

»Genau so war es. Wir schauten uns die Druckplatten an. Und wir haben gleich einen Zusammenhang mit Nina gesehen. - Es ist ja nicht nur die Polizei, die zu logischen Schlüssen fähig ist. - Na gut, streichen Sie das im Protokoll - und schreiben Sie, daß die Polizei nicht zu logischen Schlüssen fähig sei - « grinste Jan, aber der Kommissar verzog nur den Mund, er hatte längst ein dickes Fell.

»Wir sahen uns also die Druckplatten genauer an und entdeckten auf der Rückseite diese Initialen: X.Y.Z. Wir haben lange gegrübelt und keine Erklärung gefunden. - Melanie?«

»Ja, bis uns der Zufall weiterhalf«, setzte Melanie fort, »denn bei den Eltern von Nina fanden wir den Schlüssel. Da hing ein Bild des Bonner Münsters, und das hatte ein Jugendfreund von mir und Nina gezeichnet. Er hatte es mit X.Y.Z. signiert und auch noch eine Widmung an Nina draufgeschrieben und mit seinem Namen Manfred unterschrieben. Da wußte ich Bescheid. - Und wir hatten Glück, daß Manfred Kleinschmidt, sein voller Name, noch in der Wohnung seiner Eltern lebte. Das hat es uns erleichtert. Aber jetzt sollte Jan, Herr Merode, weiterreden«, lächelte sie den Kommissar an, aber sie hatte vor Aufregung ganz rote Wangen bekommen.

Der Kommissar zuckte die Achseln. Immer wieder mußte er sich von diesen beiden die Regie aufzwingen lassen.

»Wir suchten den Manfred Kleinschmidt auf und konnten ihn dazu überreden, den Kerlen eine Falle zu stellen. Und da auf dem Umschlag mit den Druckplatten als Empfänger der Name eines Peter F. Fuhrmann stand, die Art der Verbindung zwischen diesem Manfred Kleinschmidt und diesem Peter F. Fuhrmann geht mich nichts an. Sie müssen ja auch noch ein bißchen zu tun haben. Aber weil Nina in dem gleichen Haus wohnte wie dieser Fuhrmann, Frau Küppers wußte das, hat also jemand für uns in München nachgeforscht und festgestellt, daß dieser Fuhrmann eine Druckerei hat und auf großem Fuß lebte. Ob man zum Porschefahren große Füße braucht, kann ich als Fahrer der unteren Mittelklasse nicht beurteilen - «

»Bitte, Herr Merode, ich weiß ja, daß Sie Schriftsteller sind, mir müssen Sie es nicht beweisen«, sagte der Kommissar gequält.

»Gut«, lächelte Jan. »Mache ich es kurz. Sie können ja nachfragen. Wir haben erfahren, das sagte Manfred Kleinschmidt, daß die ermordete Nina Lessenich ein Verhältnis mit diesem Peter F. Fuhrmann hatte, und daß das mit Lärm in die Brüche gegangen war, weil sich dieser Fuhrmann eine Jüngere gesucht hatte. - Aber Sie werden Manfred Kleinschmidt selbst befragen. - Jedenfalls sind wir zum Schluß gekommen, daß dieser

Fuhrmann hinter dem Mord stecken muß. Und dann haben wir eine Falle ausgetüftelt - «

»Ja, Herr Merode, wir sind für Ihre Mitarbeit sehr dankbar«, fiel ihm der Kommissar etwas ungehalten, aber doch lächelnd ins Wort. »Die Polizei hat die Aktion nach Ihren Informationen und Tips in die Hand genommen. Und wir haben den Herrn Fuhrmann und zwei seiner Komplizen verhaften können. Und dieser saubere Herr Fuhrmann schiebt den Mord, um sich selbst aus der Schlinge zu ziehen, seinen Komplizen in die Schuhe. Aber was rede ich da! Eine Sache kann ich Ihnen nicht so ohne weiteres nachsehen. Nämlich, daß sie von einer kriminellen Handlung Bescheid wußten, und die Polizei nicht sofort darüber in Kenntnis setzten. Ich meine die Unterschlagung der Druckplatten ... «

Jan setzte sich leicht erbost auf die fordere Kante seines Stuhls: »Aber Herr Kommissar. Wir müssen doch sehr bitten! Wer hat denn der Polizei geholfen, die Ganoven zu schnappen? Ohne unser Dazutun, wären Sie heute noch nicht weiter. Die Verbindung von Nina Lessenich und der Geldfälschergeschichte verdanken Sie doch aussschließlich uns! Und selbst wenn sie das Bild vom Münster, das Manfred Kleinschmidt gemalt hat, bei Ninas Eltern entdeckt hätten. Und wenn Sie sogar die Initialen X.Y.Z. entdeckt hätten, dann hätten Sie immer noch keine Verbindung zu Nina entdeckt. Das verdanken Sie allein Frau Küppers!« und Jan legte ungeniert seinen Arm um Melanies Schulter, die es sich mit einem herausfordernden Blick auf den Kommissar gefallen ließ. Der schaute lange das Paar da vor sich an. Innerlich mußte er amüsiert lächeln, aber das durfte er als Amtsperson nicht zeigen. Dann stand er auf und sagte der Protokollführerin: »Machen Sie einen Computerausdruck von der Aussage, damit Frau Küppers und Herr Merode sie unterschreiben können.«

Er ging um den Schreibtisch herum.

»Danke, das genügt mir für heute. Wenn ich noch Fragen habe.«

Er drückte Melanie und Jan die Hand.

Als Melanie in der Tür stand, drehte sie sich noch einmal um und sagte: »Sie haben sicher nicht vergessen, daß die Kerle Jan, Herrn Merode, niedergeschlagen haben! *Er* hat seinen Kopf hingehalten. Vergessen Sie das nicht!«

Im Flur drückte Jan Melanie an sich und gab ihr einen leichten Kuß auf die Wange: »Lieb von Dir, daß du das mit dem Überfall dem Kommissar noch untergejubelt hast!«

»Ja, und heute abend werde ich dich pflegen und heilen«, sagte sie leise und drückte auch ihm einen kleinen Kuß auf die Wange.

Eine ältere Angestellte kam gerade vorbei und schüttelte ungehalten den Kopf: So ein Verhalten im Polizeipräsidium!

25. Dann schmiegte sie sich an ihn

Nun saßen sie gemütlich in Melanies Wohnzimmer. Zuerst hatten sie sich noch einmal ausführlich über die Kriminalgeschichte unterhalten. Melanie erzählte aus ihrer Jugendzeit und wie Nina daran teilgenommen hatte. »Ich weiß nicht«, sagte Melanie, »irgendwie hat Nina immer volle Pulle gelebt, trat in manches Fettnäpfchen und lachte statt Entschuldigung. So eine schlimme Sache mußte ihr passieren. Trotzdem tut sie mir leid.« Jan konnte nur nicken. Er hatte zwar einiges von Nina erfahren, aber sie war ihm doch fremdgeblieben. Eine fremde Frau, die ihm tot in den Schoß gefallen war.

Aber dann dachten sie an sich, und daß das Leben weiterging.

Gemeinsam hatten sie ein paar Schnittchen gemacht, und Jan eine der Rotweinflaschen geöffnet. Melanie hatte sich bequeme Sachen angezogen, die ihre wohlgerundete Figur hervorragend zur Geltung brachte: ein paar Leggings in einem abenteuerlich wilden Muster quer durch die Farbpalette und dazu ein körpernahes dunkelblaues Sweatshirt. Sie saßen nebeneinander auf der Couch und sahen im Ersten die Tagesschau. Als die Wettervorhersage vorbei war, drückte Melanie auf die Austaste der Fernsteuerung. »Haben wir nicht etwa Besseres zu tun, als in die Glotze zu schauen?« fragte Melanie mit leichtbelegter Stimme, drehte sich zu Jan herum und lächelte ihn an.

»Ich weiß nicht, was du meinst?« stellte sich Jan dumm, aber sein jungenhaftes Grinsen strafte ihn Lügen.

»Nun stellen Sie sich mal nicht so dämlich an, Herr Merode!« Und sie nahm ihn in den Arm und küßte ihn mit halbgeöffnetem Mund. Und die Nachspeise schmeckte Jan, und Melanie war nicht mehr die Zurückhaltende, die sich auffordern ließ. Und ihre Lippen und Zungen tanzten einen leidenschaftlichen Pas-de-deux. Erst nach Minuten ließen sie von einander ab. »Mein lieber Jan! Du läßt einen ja kaum zu Atem kommen!« Und sie tranken von ihrem Rotwein.

Dann erhob sich Melanie, stellte sich vor Jan und zog ihn an der Hand hoch. Er tat so, als verstände er gar nichts.

Dann schmiegte sie sich an ihn und sagte: »Komm!« Und sie führte ihn in ihr Schlafzimmer.

Und nur für einen winzigen Augenblick dachte er an Therese.

Damit hat diese Kriminalgeschichte ein

ENDE

- und wir lassen die beiden mit sich allein!

Bönnsche/Rheinische Krimis

PETER ASSION
Der tote Penner
Mord am Funkenmariechen
Muffensausen
Hermine Pfefferkorn schnallt ihr Bein ab
Lombardo und die Tote im Rhein
Treffpunkt Münsterplatz
Der alte Mann und das Mädchen - Ein Siegburg-Krimi
Tod im Stadthaus
Herbstblätter
Das Mädchen am Fenster
Dreck am Stecken - Mord in Vilich
Der Katzenmörder von Rheinbach
Der fiese Möpp von Muffendorf
Mord im Münster   *Neu!*
Rache am Drachenfels   *Neu!*

HORST BURSCH
Rübe ab - Der Machetenmord im Vorgebirge

HEINRICH A. OTTO
Die Gerechten
Everding sieht braun
Peter Puck und die Kleinen Könige

URSULA SCHMITTEN
Sommersemester
Das Fenster zum Garten - Ein Hangelar-Krimi

VERLAG DIVOSSEN
53229 BONN - BURBANKSTR. 28
RUF 0228 48 21 92 - FAX 0228 48 22 63

Rheinische Geschichten

PETER ASSION
Der Kamellendieb
Frieda Klapperich: So is dat!
Frieda Klapperich: Na und?!
Die Klapperichs - Szenen einer rheinischen Ehe
Immer wieder Frieda - Rheinische Geschichten *Neu!*
Jan, Therese und die Andere - *Neu!*
Eine rheinische Liebesgeschichte

Entweder et ränt, oder de Schranke sin zo -
      Bönnsche/Kölsche Redensarten

MARCELL FUCHS
Mahlzeit

S. HINTERKAUSEN
Niobe

ERICH HÖHNER
gerupft - Heitere Gedichte

HEINRICH A. OTTO
Guano - Konzentrierter Vogelmist *Neu!*
Humorvolle Geschichten
um den legendären Repetitor Schneider

ADELINE AHLERS
Lebe wohl, Elisabeth!

Kinderbücher

PETER ASSION
Jonathan, das kleine Schloßgespenst
Die Gespenster-Detektive
Ein Pfennig zu wenig - Ein Bonn-Krimi für Kinder
Kuddel-Muddel